La Guía

Pasaporte A La Independencia

Dr. Herminio Nevárez

@SENVideos
@drherminionevarez
www.sen.team
SEN Universidad

Contenido

Biografía Dr. Herminio Nevarez

Líder, gran empresario y creador del mejor y más grande equipo de networkers a nivel mundial.

Existen momentos en los que debes decidir entre TEMER o SER, así como lo hizo el gran empresario Herminio Nevárez, quien comenzó a forjar su propia historia de emprendimiento desde el primer momento en que le presentaron la oportunidad de negocio de la que hoy forma parte.

Comencemos por destacar que el Dr. Herminio Nevárez es médico veterinario de profesión. De acuerdo con sus propias palabras, él amaba su carrera, por eso le dedicó algunos de los mejores años de su vida. Se sentía comprometido con su vocación, pero no sentía que era recíproco. Este empresario sabía que estaba cambiando tiempo por dinero, por ello, cuando se le presentó la oportunidad de iniciar su propia historia de emprendimiento, no lo dudó y fue por todas.

Desde el primer momento se enfocó en ayudar a muchas personas a cumplir sus sueños y modelando con su ejemplo los principios para el desarrollo de un negocio en redes de mercadeo exitoso. La primera persona a la que se la presentó fue a su ama de llaves, quien ahora es la empresaria Rafaela Santiago, luego a su amigo Iván Rodríguez, quien hoy en día es Platino y muchas personas más a través de los últimos 23 años. Él presenció en él mismo y en sus amigos, como este negocio podía cambiar vidas, así que no se detuvo. Él no solo supo desarrollar un negocio que traspasara fronteras, sino que también creó todo un movimiento socioeconómico.
Este empresario no dudó, vio la vida con valentía, con fortaleza y comenzó a emprender.

Hoy es conocido como uno de los más grandes líderes de la industria. En cada lugar al que llega transmite su profesionalismo, humildad y excelencia. Definitivamente, el Dr. Herminio Nevárez es uno de los mejores empresarios de la actualidad, por ello ha inspirado a miles de personas alrededor de todo el mundo a comenzar a emprender.

Siempre enfocado en el servicio y en enseñar, el Dr. Herminio empezó a concentrarse en establecer un método de enseñanza empresarial para todas las personas por igual. Él deseaba que fuera una educación simple y duplicable, para que todos pudieran profesionalizarse en Redes de Mercadeo. Este método de enseñanza ha mostrado a miles de familias y empresarios independientes de América, Europa, África y Asia, la manera de producir una economía auto sustentable.

Por esta y por muchas otras razones, el 19 de diciembre del 2015, los etados de Washington, Maryland y Virginia, en unión con las Embajadas latinoamericanas, le otorgó el Premio Latino Leaderships Award 2015, como Business Person of the Year, por su contribución a la sociedad y a la formación de profesionales. En el 2016 fue invitado a la cumbre mundial de activistas por la paz(CUMIPAZ) Como ponente en el primer encuentro de responsabilidad social empresarial con el tema economía auto sustentable.

Hoy el Dr. Herminio Nevárez es reconocido a nivel internacional como un gran empresario, profesional, con calidez humana, sabio y enfocado en el crecimiento constante. Él tiene una increíble capacidad de ver en las personas lo que ellas mismas no pueden ver de sí y los inspira a que sean una mejor versión de sí mismas. Su entrega, pasión y generosidad por las personas aporta valores profundamente humanos que provocan un deseo de superación y de cambio, por eso y mucho más es admirado y respetado como un gran líder de alcance mundial.

Mensaje del autor

Lo invitamos a formar parte de una industria dinámica que podría cambiar su vida. Esta le ofrece una oportunidad de autonomía financiera, libre de deudas y con mucha más seguridad de la que ofrece el mundo corporativo. Las Redes de Mercadeo nos ofrecen a todos, con o sin experiencia comercial, la oportunidad de iniciar nuestra propia empresa. A diferencia de otras empresas pequeñas, aquí no tendrá altos costos iniciales, ni grandes riesgos.

Como todo negocio, el nuestro requiere energía emprendedora, determinación, compromiso y esfuerzo. Usted formará parte de un equipo internacional de empresarios que lo capacitará, guiará y apoyará, ayudándole para que su negocio sea un éxito.

Usted puede capitalizar esta oportunidad con un plan maestro para el éxito. Social Economic Networkers pone a su disposición La Guía. Esta lo orientará en el desarrollo de su empresa, ayudándole a que aproveche al máximo esta oportunidad.

¡El simple hecho de pensar que a través de este negocio podemos lograr la libertad financiera, despertó en mí nuevas expectativas! A través de los años, he comprendido que la comercialización en redes es más que un negocio, es un estilo de vida.

La satisfacción de poder ayudar a otras personas a que puedan ir en persecución de sus sueños y verlos crecer al desarrollarse como líderes es una experiencia que tiene que ser vivida para poder comprenderla. He aprendido que este negocio se compone de personas que entienden que para recibir en la vida, primero hay que dar e invertir de lo que realmente tiene valor para nosotros; Nuestro Tiempo, Nuestro Amor, Nuestro Esfuerzo y Nuestro Compromiso de Ayudar y Apoyar a los demás, de la misma forma que lo hicieron conmigo. De esa manera cualquiera que realmente lo desee y lo haga, llegará a la cima y triunfará.

Dale la bienvenida
al cambio

Felicitaciones por haber tomado la decisión de comenzar a utilizar nuestro Sistema Educativo. Nosotros anticipamos mantener una larga y duradera relación con usted, tanto en el negocio como también personalmente.

Los nuevos patrocinados son nuestros más valiosos bienes y nuestro sistema está diseñado para maximizar sus posibilidades de éxito en su nuevo negocio. El hecho más importante es saber que el éxito en este negocio no es un accidente, tampoco depende de la suerte o su personalidad. Nuestra red está creciendo a un ritmo récord y creemos que cualquiera con actitud para aprender y deseo de trabajar puede triunfar.

Social Economic Networkers a través de su Sistema Educativo le provee con un ambiente de crecimiento personal de excelencia y actualización, herramientas audiovisuales, reuniones y seminarios a nivel local e internacional. Su compromiso con este programa depende de la intensidad con que usted desee realizar sus sueños. Nuestro Sistema Educativo contiene un plan de acción duplicable, similar a las franquicias.

¡Usted sí puede lograr sus sueños con una empresa propia!

¿Está listo usted para cambiar su vida? Con leer este manual, ya ha tomado el primer paso. Le mostraremos como puede lograr sus sueños; Un carro nuevo, una casa más grande, universidad para sus hijos, seguridad al retirarse, ayudar a sus seres queridos, un mayor grado de libertad y un estilo de vida más sano. Todo esto lo podría lograr con su propia empresa de Redes de Mercadeo.

Pregúntese lo siguiente: ¿Estoy en mejores condiciones hoy que hace un año o que hace cinco años? ¿Dónde quiero estar dentro de dos años? ¿Y dentro de cinco años? ¿Estoy realmente en control de mi vida y de mi futuro financiero? ¿Me satisface trabajar para otros?¿Estaría más contento si trabajara por cuenta propia?

En estos tiempos, muchos creemos que no estamos viviendo la vida tal como se tendría que vivir; estamos tan envueltos con la idea de ganarnos la vida que no estamos realmente disfrutándola. ¿Se ha sentido así alguna vez? No se sienta solo. Veamos algunas estadísticas:

*A la edad de 65 años

 75% de las personas están dependiendo de sus familiares, amigos y de instituciones benéficas.

 23% están todavía trabajando.

 2% se encuentran económicamente independientes.

 Solamente 1 en 500 personas en E. U. posee $24,000 en ahorros.

 8.5 de cada 100 personas alcanzan la edad de 65 años y no poseen ni siquiera $250 en su cuenta de ahorros.

Una pregunta frecuente es: ¿Por qué el "Momento Conveniente" para obtener independencia económica nunca llega? El 93% de las personas que a la edad de 65 han fracasado económicamente le echan la culpa a la falta de un plan definido. (Estudio Cooperativo Lioma).

Redes de mercadeo: La alternativa para este tiempo

Las Redes de Mercadeo ofrecen la oportunidad de iniciar su propio negocio durante su tiempo libre y de hacer por sí mismo lo que ningún otro puede hacer por usted; proteger su futuro y hacer realidad sus sueños.

*El crecimiento de la industria de Redes de Mercadeo ha sido enorme en los últimos años. En el 2022, las compañías de redes de mercadeo generaron ingresos de más de 189 mil millones de dólares en más de 150 países, gracias a 128 millones de hombres y mujeres que están cambiando sus vidas ayudando

---

*Esta información fue tomada de las estadísticas de las Juntas de Seguridad Social, Washington, D.C. y el Departamento de Trabajo de US.

a otros, sin embargo, a simple vista muchos lo ven como la venta de productos a sus vecinos. ¡Están muy lejos de la verdad! La clave para alcanzar el éxito financiero en las Redes de Mercadeo está en desarrollar una organización a través de la cual se puede llevar a cabo una distribución masiva de productos o servicios.

El concepto detrás de las Redes de Mercadeo es muy sencillo. El compartir sea una filosofía comercial o un producto constituye la base de la oportunidad de hacer negocio en las redes de mercadeo. Cada vez que usted comparte con otros, usted duplica sus esfuerzos y lo que usted logra dependerá de esta duplicación. Usted está organizando una red de personas que están generando ingresos adicionales para realizar sus sueños.

Como distribuidor independiente, usted comercializa una amplia gama de productos sin los costos prohibitivos de tener un inventario, de tener que hacer envío de productos, de prestar servicio al cliente o tener que encargarse de la administración. Usted trabaja por su cuenta, establece sus propias metas, elige sus horas de trabajo y el paso al que quiere trabajar. No tiene que pagar derechos de concesión, solo unos pocos dólares es lo único que necesita para iniciar su empresa. Usted puede crear una segunda fuente de ingreso sin dejar lo que está haciendo. Esta segunda fuente es un ingreso residual el cual va a ir creciendo a medida que crezca su organización. Otro gran beneficio de las redes de mercadeo es que al momento en que usted decide comenzar, un equipo de expertos, en un "upline", está listo para respaldarlo y ayudarlo.

De esta manera, los empresarios independientes contribuyen en lograr el éxito colectivo. Si usted quiere asegurar el futuro de su familia, las Redes de Mercadeo son la solución. Si usted está dispuesto a separarse del rebaño y lograr algo más, este es el momento de hacerlo. Si usted ha decidido no abandonar sus sueños entonces las Redes de Mercadeo son para usted.

¿Qué han dicho otros sobre las redes de mercadeo?

- La publicación Success Magazine dijo: "**son la más poderosa vía de llegar a los consumidores**".

- El presidente Bill Clinton dijo: "...ustedes fortalecen a nuestro país y a nuestra economía; no solo esforzándose para su propio éxito, sino también, por ofrecer oportunidad a otros. Ustedes también **son parte de un movimiento global** que promueve empresas y que premia la iniciativa individual".

- El autor más codiciado y el consultor número uno de microempresas que operan desde los hogares, David D´ Archangelo, dice: "las micro- empresas operadas desde los hogares **proveen la mejor forma de hacer negocios en el futuro** y la mejor microempresa operada desde el hogar es, sin duda, las Redes de Mercadeo. Sin inventario y un bajo costo para comenzarlo, nadie lo puede igualar" *

- Un titular publicado por el Wall Street Journal proclama: "**Visiones de prosperidad independencia** llevan a los profesionales a probar las Redes de Mercadeo".

- "Las personas necesitan las Redes de Mercadeo..." dice el economista principal y autor de "Unlimited Wealth", Paul Zane Pilzer. "Han logrado la esencia de la mejor parte de las ventas al detal; **educando a las personas sobre los productos y servicios que mejorarán sus vidas** y que ellos incluso no saben que todavía existen".

- Robert Kiyosaki autor del libro Padre Rico, Padre Pobre considera las Redes de Mercadeo como **el negocio del XXI.**

- Forbes, una de las principales revistas de negocio a nivel mundial, recomienda el mercadeo en redes para aquellos que buscan **una oportunidad de generar ingresos.**

¿Quiénes somos?

¿Quiénes Somos?

Después de casi dos décadas de experiencia trabajando codo a codo con emprendedores de éxito alrededor del mundo, facilitando el desarrollo personal y el éxito profesional y consiguiendo resultados económicos tangibles en cientos de miles de personas, podemos decir que hoy:

Social Economic Networkers es la respuesta a la necesidad que pueda tener cualquier emprendedor para generar oportunidades de crecimiento rentables y sostenidos a largo plazo.

Contamos con los recursos, la experiencia y la metodología probada que ofrece a nuestros asociados un sistema integral para maximizar y rentabilizar el tiempo de cara a conseguir libertad financiera.

Social Economic Networkers tiene un plan definido para que usted pueda lograr el éxito en la industria. Este plan está constituido por un Sistema Educativo que le enseñará paso a paso a construir una cadena de distribución sólida, estable y productiva.

La Guía es el manual de instrucciones del Sistema Educativo. Esta provee el conocimiento para desarrollar esta oportunidad. 4Life Research nos ofrece los productos que la gente desea y un plan de compensación innovador.

Un empresario talentoso puede lograr sus sueños, pero, ¿cuántos de nosotros somos empresarios talentosos? Social Economic Networkers en su preocupación por el éxito de todos, ha introducido otro factorque ha sido concebido para asegurar que el ingrediente clave del éxito sea un sueño, no el talento. Nosotros lo llamamos Sistema Educativo.

Piense en su empresa como en una computadora. 4Life, sus productos y el plan de compensación son el mejor disco duro o equipo que existe en el mercado. Lo que le hace falta es un buen programa ("software") que aproveche al máximo la capacidad del disco duro. El Sistema Educativo de Social Economic Networkers es el programa que hace funcionar todo lo demás y hace que su empresa, que es la Red, funcione a niveles óptimos. Pero a diferencia de las computadoras, el sistema es sencillo y fácil de seguir. No trate de reinventar la rueda; las ideas y conceptos que están en el sistema funcionan.

Tómese el tiempo necesario para su profunda comprensión y confianza en él. Su líder (upline) le guiará a través de este proceso educativo para que usted lo aprenda y lo pueda enseñar a otros. Recuerde bien, que cuando hablamos de formar una red, nosotros mismos tendremos que ser los constructores. ¡El sistema le va a enseñar cómo hacerlo! Su líder le puede ayudar y asesorar, pero nadie puede hacer el trabajo por usted. La base del sistema es el convencimiento de que esta oportunidad está al alcance de todos, de que toda persona es importante y valiosa, de que la libertad personal es nuestra meta final y que los lazos de la amistad trasciendan la fase comercial.

"El poder vivir para un *propósito mayor* que uno mismo es la más elevada experiencia que puede experimentar un ser humano. Eso es trascender."

- Abraham Maslow

 ## Nuestra Visión

Ser la organización de redes más grande de la historia y de mayor contribución social a través de nuestros asociados.

 ## Nuestra Misión

Somos un movimiento socioeconómico que, a través del trabajo en equipo y un sistema centrado en principios y valores, estamos comprometidos a causar una diferencia en la vida de las personas, brindándoles una oportunidad real de crecimiento personal, contribución social y de lograr la independencia financiera.

 ## Nuestras Creencias Y Valores

- Que lo más importante son las personas y que cada ser humano tiene el mismo derecho a una vida plena con prosperidad y abundancia cual quiera que sea su color, sexo, credo, religión, edad, nivel socioeconómico o educativo.
- Que compartir con los demás es compartir con uno mismo, que obtenemos lo que damos y que dar es recibir.
- Que los sueños se pueden hacer realidad cuando contamos con personas que trabajan sin egoísmo y con humildad al servicio del bien común.
- Que juntos podemos provocar un cambio hacia una economía basada en la mutua cooperación, el trabajo en equipo, la pasión por conseguir resultados y una relación de negocios en la que "todos ganamos."
- Facilitar el desarrollo personal y el éxito profesional mediante el autoconocimiento y el despertar del talento a través de una metodología única.
- Formar líderes al servicio de los demás con una conciencia basada en los valores de la libertad, la igualdad, la integridad, el amor, la gratitud y la lealtad.
- Brindar un trato altamente profesional a todos nuestros asociados para que desarrollen sus capacidades, habilidades y potencial en el mayor grado posible.

- Ser el puente de un movimiento socioeconómico que contribuya a una nueva forma de hacer negocios, donde las personas son el activo más importante y la prosperidad económica sea solo la expresión del trabajo bien hecho y por consiguiente, la satisfacción interior de estar contribuyendo para crear un mundo mejor.

Nuestra Filosofía

"El océano más profundo, la montaña más alta, el animal más poderoso no puede creer. Sólo el ser humano puede creer".

"La altura del éxito de un ser humano está determinada por la profundidad de su creencia".

"El hombre cosecha lo que siembra".

"La oportunidad conlleva responsabilidad".

"El ejemplo es el mejor maestro y el juego justo busca lo que es recto, no quien tiene la razón".

Creemos que una de las imágenes más gloriosas de la vida es el sudor de la frente del trabajo honesto, que la satisfacción real proviene del esfuerzo total invertido completamente en la búsqueda de un ideal valedero. Que el carácter, la fe e integridad son los fundamentos para la grandeza. Un gran Maestro dijo: "Lo que he hecho, podéis hacer también y más". Que el hombre fue creado a imagen del propio Dios y fue diseñado para el logro, formado para alcanzar el éxito, dotado con la semilla de la grandeza.

Creemos en dar amor y perdonar incondicionalmente. Que vivir es amar, amar es ayudar y ayudar es comprender la diferencia entre una mano y dar la mano en ayuda. Nosotros creemos que usted puede obtener todo lo que quiera de la vida, si ayuda a un número suficiente de personas a obtener lo que desean. Porque creemos y amamos, nuestro propósito en la vida es ayudarle a ayudarse.

- Es un hombre o una mujer de carácter que trabaja competentemente sobre la base de valores y sitúa a éstos en el centro de su vida, y en el centro de sus relaciones con los demás, en el centro de sus convenios y contratos y en su evolución dentro del negocio. Su desafío consiste en ser luz, no un juez; en ser modelo, no un crítico.
- Tiene iniciativa propia y responde a los problemas exteriores sobre la base de los principios; no en base a su estado de ánimo, emociones o comportamiento de otras personas. Son personas conscientes de sí mismos, asumen la responsabilidad por sus propias acciones. No culpan o acusan a otros cuando las cosas andan mal.
- Procuran comprender primero a otros, antes de recibir la retribución de ser comprendidos.
- Irradia energía positiva, es alegre, placentero, feliz. Su actitud es optimista, animosa; su espíritu es entusiasta, esperanzado, confiado. Es honesto, íntegro y leal a su causa. En medio de la confusión, rencilla o la energía negativa, es pacificador, armonizador y desactiva la energía destructiva. No sobre reacciona ante las conductas negativas, las críticas o las debilidades humanas. No es ingenuo, es consciente que esas debilidades existen. Perdona y olvida comprensivamente las ofensas que le hacen.
- No es envidioso, se niega a etiquetar, clasificar y prejuzgar a los demás; por el contrario, detecta al roble joven entre los arbustos y lo ayuda a transformarse en un gran árbol.
- Tiene una vida equilibrada. Se educa constantemente por sus propias experiencias. Lee, busca la forma de capacitarse, utiliza herramientas motivacionales y educacionales.
- Asiste a seminarios, escucha a los demás y aprende tanto a través de sus oídos como de sus ojos. Pregunta constantemente.
- Considera la vida como una misión, no como una carrera. Las fuentes que lo nutren lo han dispuesto y preparado para el servicio. Reconoce su propio valor a través de su valentía e integridad. No ostenta con su fama, título o éxitos personales.

- No manipula a nadie.
- Reconoce de inmediato los valores absolutos; condena lo malo y lucha por lo bueno con valentía.
- Sus acciones y actitudes son adecuadas a cada situación: equilibradas, moderadas y prudentes.
- No se condena a sí mismo por cada error tonto. Acepta sus errores, tanto como los errores de los demás.
- Vive con sensibilidad en el presente, planea cuidadosamente el futuro y se adapta con flexibilidad a los cambios.
- Se siente feliz por los éxitos ajenos y no piensa en absoluto que esos éxitos le están quitando algo.
- Disfruta la vida, pues su seguridad emana de su interior y no viene de afuera.
- Se interesa en las personas. Hace preguntas y se siente interesado. Cuando escucha lo hace con todos sus sentidos.
- Aprende de la gente.
- No se deja arrastrar de un lado a otro como una hoja en la tormenta y es capaz de adaptarse prácticamente a todo lo que le sobre venga.
- Al trabajar en equipo desarrolla sus propios puntos fuertes y lucha por complementar sus debilidades con los puntos fuertes de los demás. No duda en delegar para obtener resultados, puesto que cree en las capacidades de los otros.

¿Qué es La Guía?

¿Qué es La Guía?

Es la fórmula comprobada para desarrollar la red. La Guía cuenta con todo lo que usted necesita para desarrollar un negocio sólido, productivo y en constante crecimiento. Ofrece todos los recursos necesarios para que usted y sus asociados adquieran el conocimiento que se requiere para desarrollar una empresa de comercialización por redes. Este método cuenta con libros, audios y actividades; todo preparado por expertos en el negocio para darle apoyo, conocimiento y motivación. ¡Imagínese por un momento cuánto puede crecer su negocio si usted y sus asociados cuentan con todo lo que necesitan para desarrollar la red!

¿Por qué es determinante utilizar esta Guía? Recuerde que su negocio es su red y la red se compone de personas. Las personas son los activos más importantes en el negocio ya que sin personas no se puede construir la red. Pero también es una realidad que aunque existan las personas, lo que determinará que ellos tomen la acción es que quieran trabajar con usted. De esta forma se moverán los productos y se activará el plan de compensación.

Esta Guía contiene un plan de acción; que son los pasos básicos y simples a seguir para que usted y sus asociados puedan desarrollar un negocio sólido y productivo. La Guía fue escrita de forma simple para que toda persona pueda entenderla y enseñarla a otro. Esto se llama duplicación porque sus asociados duplican el ejemplo que vean en usted. Por esta razón es muy importante comprender lo mejor posible cómo funciona La Guía. Asegúrese de seguir todos los pasos sin omitir alguno de ellos. De esta manera, los asociados de su red harán lo mismo.

La Guía comprende tres fases:

Fase 1 · Lo Básico
Fase 2 · La Logística
Fase 3 · Conceptos Avanzados

FASE 1

Lo Básico

Los nueve pasos que componen su plan de acción son cíclicos y constantes. Aprenda, ejecute y enseñe los pasos de su plan de acción. La forma más eficaz y efectiva de lograrlo es con la acción; sirviendo de ejemplo y modelo para los demás. De esta forma:

> **Ellos entenderán por qué hacerlo**
> **Ellos aprenderán cómo hacerlo**
> **Y aún más importante, ellos lo harán**

La Guía enfatiza la relación entre el empresario y el prospecto, tanto como la relación entre empresario y los empresarios. Ambas son de vital importancia en el desarrollo de la red.

Cada paso de La Guía, así como su secuencia, es esencial para lograr desarrollar la red de empresarios y cada paso está íntimamente relacionado con los demás pasos. Todos los pasos juntos constituyen un todo integrado. Ninguno de ellos individualmente es La Guía. Ejecutar uno o varios de los pasos no va a producir resultados positivos en el desarrollo de la red, a menos que se efectúen todos los pasos en la secuencia indicada.

Como veremos más adelante el paso más productivo para añadir miembros a la red de distribuidores es el paso 6, Presente la Oportunidad ya sea presencial o video conferencia. Los primeros cinco pasos son necesarios para preparar al empresario para que puedan ejecutar efectivamente el paso 6. Los tres pasos que siguen al paso 6 son para finalizar con efectividad lo que se hizo en el paso 6.

Le proponemos que dedique 2 a 3 años a La Guía y simplemente sígala con fe total y persistencia. Haga lo que sugiere con actitud positiva y consistentemente y nosotros le aseguramos que usted tendrá éxito. Primero, El Sueño. Después, La Lucha. Finalmente, El Premio.

Cuanto más grande sea el sueño, mayor será la lucha. Cuanto mayor sea la lucha, mayor será el premio. "No tratemos de eliminar la lucha... tengamos sueños grandes. Transformémonos en una persona líder y pongamos acción".

SUEÑO + LUCHA = *premio libertad*

9 PASOS PARA
la duplicación

01 Defina sus sueños

Establezca sus metas

02

03 Determine sus compromisos

Haga una lista de prospectos

04

05 Invite a sus prospectos

Presente la oportunidad
(Presencial o Virtual)

06

07 Dé seguimiento

Consulte su "Up-Line" o Líder

08

09 Duplíquese: Enseñe este plan de acción a sus auspiciados

1. El sueño

Defina sus sueños

Uno de los más interesantes y grandes misterios de la vida es por qué algunas personas tienen éxito y otras no. Los estudios de casos de "triunfadores" y "fracasados" revelan denominadores comunes en ambos. En vista de que nosotros queremos evitar el "fracaso", estudiemos a los triunfadores. Quizás la característica más común e importante es que todos son soñadores. Sus deseos en la vida se manifiestan continuamente en sus sueños; los sueños de cómo debería ser la vida. Los triunfadores desarrollan metas específicas en la vida que hace que estos sueños se conviertan en realidad. Nuestra habilidad para primero pensar en sueños y luego fijar metas representa la base para nuestros logros. Cada logro ha sido forjado primero como una idea.

Definitivamente, tenemos la capacidad de hacer nuestros sueños una realidad. El soñar es parte natural de la vida, esperanza en un mejor futuro y algo que anticipamos. Nuestros sueños se forjan y se realizan a la par que nuestro deseo se vuelve más fuerte. Tener un deseo es el motivo y la base para el logro de cualquier meta.

Así es como el proceso se desarrolla; sus deseos le hacen soñar y a medida que sueña usted desarrolla en su mente aspectos de cómo debería ser la vida. Sus sueños no son otra cosa que objetivos de lo que usted imagina.

El punto inicial de todo logro es el deseo. Por eso es que comenzamos apuntando a lo que una persona desea en la vida, sus sueños. Si usted tiene sueños débiles, su dedicación, perseverancia y acciones a un nivel bajo producirá pocos o ningún resultado.

La dedicación y perseverancia son dos rasgos del carácter. Cuando estos dos rasgos son cultivados y aplicados, el resultado es el éxito. Lo contrario también es verdad: la falta de dedicación y perseverancia para sobreponerse a obstáculos, sean reales o imaginarios son dos de las principales causas del fracaso.

Napoleón Hill en su libro más famoso "Piense y Hágase Rico", presenta cuatro puntos simples para desarrollar estos rasgos del carácter:

Desarrollo de cualidades *personales*

1. Un sueño claramente definido, fundamentado en el ardiente deseo de cumplirlo.

2. Un plan definido expresado en acción continua.

3. Una mente completamente cerrada a todas las influencias negativas y desalentadoras, incluyendo sugerencias negativas de familiares, amigos y conocidos.

4. Una alianza amistosa con una o más personas que le animaron a seguir adelante con el sueño y el plan.

El Sueño

El sueño es la razón real.
¿Por qué está dispuesto a hacer este negocio? Es como las raíces de un árbol, no se ven por estar bajo la tierra, pero son éstas las bases y fundamentos que sostienen el crecimiento del árbol. Usted necesita una razón para identificar y construir el propósito de su vida.

- ¿Cuáles son sus sueños?
- ¿A dónde quiere ir usted con esta empresa?
- ¿Tiene usted sueños que espera hacer realidad?

2. La meta

Establezca metas

Las metas proveen dirección, como los faros a lo largo del camino guían a los viajeros hacia una ruta correcta. Desde la posición donde usted está ahora y mirando hacia sus sueños, las metas sirven para marcar la distancia más corta entre estos dos puntos. Las metas ayudan a evitar la pérdida de tiempo y energía, protegiéndole de callejones sin salida que a veces parecen útiles, pero que en realidad son improductivos y disminuyen su progreso.

¿Cree que las personas que no logran éxito en la vida realmente tienen planes de fracasar? No lo creo así. El problema es que no hacen planes, ni tienen metas. La mayoría de las personas no planifican fracasar, sino que fracasan por no planificar.

- La Guía, es una herramienta precisa para lograr nuestra independencia financiera. En el segundo paso del plan de acción, sus sueños se convierten en acciones. Una casa nueva, un automóvil nuevo, dinero para la educación de sus hijos; esos son sueños. Ahora usted necesita unas metas prácticas en las que se puede enfocar para que esos sueños se realicen.

- Para establecer nuestras metas, debemos determinar primero dónde estamos ahora y a dónde queremos llegar. Las metas serán los pequeños peldaños o niveles dentro del plan de compensación que debemos ir escalando para lograr nuestros sueños. Para evaluar nuestros logros a través del plan de compensación (Builder/ Elite, Diamante/Elite, Presidencial/Elite, Bronce/Elite, Plata/Elite, Oro/Elite, Platino /Elite), diseñe una gráfica donde usted anote su progreso y otra gráfica que muestre su camino al éxito. De esta manera, usted puede medir lo que ha logrado de lo que ha proyectado. Para poder orientarse use como marco de referencia el "Plan de Independencia financiera de 2 a 5 años de 4Life" (Ver página 28).

- A las metas que queremos lograr le fijamos una fecha. Fijar una fecha significa comprometerse a actuar. Nada ocurrirá si no ponemos un plan de acción sobre esas metas. (Ver página 29).

Plan para lograr la *independencia* financiera

COMISIONES	PAGO INFINITO	Asociado	Constructor	Constructor Elite	Diamante	Diamante Elite	Presidencial	Presidencial Elite
							Viaje del Gran Escape	
			Bono Constructor					
	1er Nivel	2%	2%	2%	2%	2%	2%	2%
	2° Nivel	25%	25%	25%	25%	25%	25%	25%
	3er Nivel		5%	5%	5%	5%	5%	5%
	4ª Generación				6%**	8%**	12%	12%
	5ª Generación						3%	3%
	6ª Generación						3%	3%
	7ª Generación							
	8ª Generación							
	9ª Generación							
	10ª Generación							

*LP: el valor de venta sujeto a comisión asignado a cada producto 4Life.
**Cuando se paga menos del 12%, los porcentajes restantes se pagarán a los siguientes rangos elegibles que hayan calificado. Esto se llama Pase Infinito y no se aplica a las primeras órdenes.

∞
Infinito

Bronce	Bronce Elite	Plata	Plata Elite	Oro	Oro Elite	Platino	Platino Elite
	Viaje del Gran Escape				President's Club		
	Fondo para Bonos Premier (2% del LP* de la compañía)					Fondo para Bonos Platino (1% del LP* de la compañía)	
			Bono Constructor				
2%	2%	2%	2%	2%	2%	2%	2%
25%	25%	25%	25%	25%	25%	25%	25%
5%	5%	5%	5%	5%	5%	5%	5%
12%	12%	12%	12%	12%	12%	12%	12%
3%	3%	3%	3%	3%	3%	3%	3%
3%	3%	3%	3%	3%	3%	3%	3%
2%	2%	2%	2%	2%	2%	2%	2%
2%	2%	2%	2%	2%	2%	2%	2%
				2%	2%	2%	2%
				2%	2%	2%	2%

∞
Infinito

Acciones diarias para lograr el *éxito*

Nombre _____ Teléfono _____

I.D. _____ Rango _____ Total _____

Mes _____ Año _____ Patrocinador _____

Actividad	1	2	3	4	5	6	7
Invitados a La Presentación							
Presentación de Oportunida							
Seguimientos							
Planificación de negocios							
Patrocinados personalmente							
Patrocinados a otros niveles							
Llamadas							
Prospectos nuevos							
Referencias recibidas							
Asistencias a eventos							
Clientes nuevos							
Automotivación							
Reuniones llevadas a cabo							
Horas de trabajo							

Mis logros

Total de patrocinades personalmente _____
Total de patrocinodos a otros niveles _____
Total de clientes nuevos _____
Total de Diamantes de primer nivel _____
Total de Diamantes a atros niveles _____
Nivel Calificado _____

Define tus compromisos

Establezca algunos compromisos para asegurar un comienzo con éxito. Su primer compromiso es conectarse 100% al Sistema Educativo. Si usted se compromete a duplicar fielmente los pasos del Sistema Educativo, el funcionará para usted. La duplicación y la repetición son factores muy importantes para desarrollar una red sólida y productiva. Es sencillo seguir el Sistema Educativo, pero nada se logra con sólo leer, hay que poner acción para producir resultado.

Conectarse 100% al Sistema Educativo significa:

1. Asista y promueva todas las reuniones y actividades relacionadas con su negocio como: seminarios, eventos, reuniones a nivel local, regional e internacional.

2. Utilice todos los días los materiales que respalda y apoya su empresa: literatura del negocio y material de seguimiento.

3. Lea y vea de 15 a 30 minutos al día el material audiovisual sugerido por el sistema.

4. Fije la fecha de la reunión del SEN Team y lleve invitados. La reunión de SEN Team debe tener prioridad sobre las reuniones individuales.

5. Determine el tiempo que dedicará a su negocio. ¿Cuántas horas a la semana está dispuesto a invertir en su negocio para lograr que sus sueños se conviertan en realidad? Después de decidir los días y horas a la semana que usted dedicará al desarrollo de su red, el próximo paso será mantener consistencia en sus acciones y ser fiel a su programa.

6. Busque 5 clientes mensualmente. Estos pueden ser familiares, amigos, conocidos, vecinos.

7. Artículos que sugerimos en su primer mes para un comienzo exitoso:

La Guía

Información de seguimiento al desarrollador que incluye los videos: **La Revolución del Bienestar, ¿Por qué 4Life?, Las 8 maneras de Generar Ingresos**, así como el Catálogo de Productos.

Información de seguimiento al distribuidor: **Catálogo de Productos, Lista de Precios, aplicación 4Life** (para acceder a la Biblioteca Digital).

Información de seguimiento al consumidor incluye: Catálogo de productos, ¿Por qué 4Life?, Videos y literatura de productos.

¿Por qué es necesario el *compromiso* emocional?

1. Los distribuidores de redes de mercadeo son empresarios independientes, no son empleados. Por esta razón el compromiso debe ser con usted mismo, con su empresa que es su red y con el futuro de su familia.
2. Sin un deseo intenso, sin un compromiso emocional profundo, es muy difícil que se mantenga el negocio, debido a los obstáculos normales que encontramos.
3. Sin la motivación que proviene del entusiasmo, nunca vamos a ser capaces de buscar profundamente en nosotros, hasta descubrir y desarrollar aquellos talentos que tenemos y que nos pueden dirigir a lograr los grandes resultados de los que somos capaces.
4. Grandes éxitos requieren riesgos. No es fácil, algunas veces está el riesgo financiero, en otro el riesgo social, ocasionalmente el riesgo físico y siempre el riesgo emocional. Necesitamos estar dispuestos a tratar asuntos que no hemos tratado anteriormente, quizás cosas que nadie ha tratado antes de nosotros.

5. Sin este compromiso emocional, podemos vernos tentados a conformarnos con poco más del logro mínimo o mediocridad.

6. Es necesario comprometerse con su patrocinador y con el equipo. Los grandes logros nunca han sido concebidos por personas solas; cualesquiera que sean nuestros sueños no podemos lograrlos solos. Hemos sido creados como entes sociales, creados hacia la realización y el éxito en unión con otras personas. Necesitamos atraer a esas personas hacia nosotros y hacia nuestros sueños. Esto lo logramos a través de nuestra pasión, nuestra dedicación y una visión que está basada en valores universales y la preocupación por la gente con que estamos trabajando. Las personas son atraídas por personas que se preocupan por ellos.

7. El éxito no es el resultado de una combustión espontánea. Debemos prender el fuego interior de manera tal que creemos la energía para nuestra visión y podamos transmitir esta energía a otras personas. La vida no es lo que queremos que sea, sino lo que nosotros hacemos que ésta sea. Todos somos artistas y nuestra vida es nuestra más grande obra de arte. ¿Es esa obra de arte lo mejor que puede ser?

4. Lista de prospectos

Su recurso más valioso es la lista de prospectos. Una lista completa y actualizada de prospectos es el trampolín del éxito. Debe actualizarla constantemente, a medida que vaya formando su red.

Escriba todos los nombres que se le ocurran. Empiece con la familia, amigos, vecinos y personas que usted conoce a través del trabajo. Seguidamente haga una lista de personas que usted conoce indirectamente a través de sus actividades. Incluya también personas fuera de la ciudad y en el extranjero, a quienes puede patrocinar internacionalmente.

El Sistema fue concebido para aumentar el interés en la mente de las personas. Así que, si descalifica a alguien con base en su interés o falta de potencial, se limita innecesariamente el alcance de su red.

La lista de prospectos también tiene una función psicológica valiosa. Le permite continuar el desarrollo de su empresa sin interrupciones y cultivar toda una serie de prospectos al mismo tiempo. El ingrediente esencial de la selección de prospectos, por supuesto es una excelente lista de prospectos actualizada. Su lista le da un lugar al cual recurrir cuando es hora de preguntar: "¿Quién sigue?"

La lista de prospectos la podemos dividir en cuatro grupos:

 Lista Cálida: Se compone de familiares, amigos, vecinos y compañeros de trabajo. A las personas conocidas se invitan siguiendo la "Invitación Modelo" sin necesidad de darle un material de contacto durante el acto de la invitación.

 Lista de Conocidos: Son las personas y contactos que usted conoce pero que no hay relación estrecha. Esta lista se va construyendo diariamente según uno va conociendo nuevas personas.

 Lista Distante: Esta lista se compone de las personas que uno conoce en otras ciudades, estados y/o países.

 Lista de Referidos: Esta lista se va desarrollando diariamente de los referidos de los prospectos que eligen la opción de distribuidor o cliente. La persona que aprenda a trabajar con esta lista nunca estará corto de prospectos y por el contrario, siempre tendrá muchos prospectos con los cuáles trabajar. Para obtener los referidos se hacen las siguientes preguntas: "Entiendo que no está interesado en desarrollvar una red de distribuidores, pero imaginemos que si lo está. ¿Quién es la persona que usted considera más apta para desarrollar este negocio? ¿Por qué?"

Estas preguntas se pueden hacer varias veces para obtener más de un referido. Para cada referido haga preguntas al prospecto respecto a la edad, familia, ocupación y el tipo de relación entre ellos.

Cómo incrementar la lista de conocidos

¿Cómo incrementar la lista de conocidos o prospectar nuevas personas para la lista? En primer lugar, uno debe reconocer que la materia prima de este negocio es el recurso humano y que por tanto, debemos aprender y practicar conocer nuevas personas diariamente.

Para esto debemos hacer dos cosas básicas; Primero: el decir ¡Hola! Segundo: aprender a hablar utilizando más las preguntas que las oraciones, preguntas relacionadas con la familia, ocupación y recreación. Una vez haya completado una secuencia de preguntas y respuestas, usted puede fijar una cita. De acuerdo con cómo se haya desarrollado la conversación y de cómo el prospecto contesta las preguntas, usted va identificando el grado de aceptación que va logrando con el prospecto. Utilice las siguientes marcas de referencia:

Luz roja
En este caso, el prospecto no desea contestar nuestro saludo y preguntas o contesta de mala gana. Esto nos indica que debemos parar la conversación y buscar otro prospecto.

Luz amarilla

En este caso, el prospecto contesta nuestro saludo y nuestras preguntas con interés, pero demuestra cierto grado de desconfianza debido a que hacemos muchas preguntas y nos plantea excusas tales como su trabajo, poco tiempo, su familia, otros intereses. Lo más adecuado en este caso es proveer al prospecto el Video de Contacto y coordinar una cita para seguimiento. Aquí usted saca su agenda y anota nombre, dirección y teléfono del prospecto.

Luz verde

En este caso, el prospecto contesta nuestro saludo y preguntas con interés; sin hacer preguntas que manifiesten desconfianza y no ofrece objeciones o excusas para continuar la relación de negocio. Además, podría manifestar que está interesado en saber más sobre el concepto. Esto indica que podemos seguir en confianza. A este tipo de prospecto podemos proveerle el material informativo el video de Contacto, y lo invitamos a una reunión uno a uno, reunión en la casa presencial o virtual o reunión del SEN Team. Es significativo el recordar que el liderazgo y control en una conversación se consigue mejor por medio del uso de preguntas, que por el uso de oraciones. Además, en caso de que el prospecto tenga que tomar decisiones, este considera que las decisiones las toma él o ella, no la persona con quien está conversando.

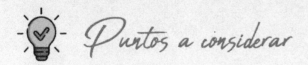
Puntos a considerar

- Anote un mínimo de cien (100) nombres con la ayuda de su auspiciador.
- Aprenda como agregar nuevos nombres continuamente.
- Obtenga referidos de aquellos que no se interesan en la oportunidad.
- No juzgue a nadie. Deje que ellos tomen la decisión, luego que usted le presente la oportunidad.
- Preferiblemente enseñe la oportunidad primero, a aquellos que en su lista han demostrado ser personas exitosas. Luego preséntelo a los demás.

5. La invitación

Esperamos que a usted lo hayan invitado correctamente y que haya acordado escuchar una presentación sobre un negocio que le podría beneficiar a usted o alguien que usted conoce. Es muy importante, para su propio éxito que sepa separar la invitación de la presentación completa. Sin embargo, puede establecer una relación amistosa con las personas hablándoles de su familia, trabajos y pasatiempos. No hable de ventas o productos porque su prospecto puede tomar una decisión inmediata sin haber recibido una buena presentación.

Hasta que no haya aprendido a presentar el plan de la oportunidad, va a tener que apoyarse en su patrocinador para que haga la presentación por usted. Podrá traer prospectos consigo a las reuniones del SEN Team de patrocinio o invitar a un grupo de prospectos para que otro haga la presentación del plan o hacer arreglos para hacer la presentación a uno de sus amigos. Pídale consejo a su patrocinador sobre cómo hacer las citas y practique la "Invitación Modelo" que aparece en esta Guía hasta tener un dominio absoluto de la misma. Recuerde:

Cuando va en búsqueda de un
sueño ardiente
los obstáculos no cuentan.

La forma *profesional* de abordar a la gente

El éxito de construir la red depende de un sistema de invitación simple y duplicable que ofrezca a nuevas personas la oportunidad de unirse a la red y de obtener acceso a los productos. Cualquier comerciante sabe, que "el empaque" es muy importante. En vista de que para crear una red grande se necesita atraer personas a la oportunidad del negocio, su oportunidad se convierte en un "producto" que debe ser bien empacado. Su deseo de aprender y enseñar una forma profesional de abordar a la gente es imprescindible para su desarrollo. Nosotros le enseñamos a vender primero la cita, segundo el negocio. La mayoría de los nuevos patrocinados dan demasiada información muy temprano, luego, están incapacitados de dar una presentación a fondo porque el prospecto ha tomado una decisión basada en información incompleta.

Nosotros incrementamos el interés usando ciertas frases ya probadas que despiertan la curiosidad, pero no son peligrosas. El juego de palabras es sin duda crítico, así que use los modelos y el consejo de su patrocinador.

Usando su lista de 100 nombres, trabaje con su patrocinador o líder de grupo para discutir la forma correcta de invitar las personas y desarrollar una estrategia para abordar a cada uno de ellos. Sus opciones incluyen:

- **Manera directa de abordar a la gente:**
  Su patrocinador coordina con usted dos fechas para reuniones (virtual o presencial). Usando la "Invitación Modelo", usted invitará a la reunión personas que usted conoce muy bien y su líder de grupo hará la presentación del plan

- **Manera indirecta de abordar a la gente:**
  Para invitar personas que usted no conoce tan bien, hemos desarrollado una técnica que da una postura profesional. Estas maneras indirectas de abordar a la gente preparan a sus posibles prospectos y aumentará su curiosidad, sin dar a conocer más de lo necesario antes de la reunión donde se les presentará el perfil de interés. (Ver Perfil de Interés en la página 180).

Información de Contacto:
Esta información puede ser enviada a sus posibles prospectos para que lo evalúen. Luego, usted los llama para ver si quieren más información y hace la cita. Este material tiene información sobre oportunidades financieras y del concepto de redes de mercadeo sin dar detalles específicos (Video de Contacto) https://sen.team/sen-herramientas/

"Invitación Modelo": Modelo de la llamada telefónica

Identifique y establezca restricción de tiempo:
"Hola, soy (su nombre); no tengo mucho tiempo ahora mismo, pero déjeme decirle por qué te contacto. ¿Tiene un minuto?"
Halague (si es necesario), si usted está contactando a alguien que acaba de conocer:
Me encontré con usted el otro día en (lugar) y quedé impresionado con su (actitud, información, comentarios, ambición, sonrisa, manejo de una situación, ...). Allí..."

Explíquese:
¿No sé si usted sabe o le mencioné que tengo un negocio exitoso que se encuentra en crecimiento acelerado y ...? o ¿No sé si le mencioné que estoy desarrollando una red de mercadeo la cual está creciendo de manera acelerada y...?"

Califique:
"Estoy buscando una persona clave en esta área para expandir mi negocio". Permítame hacerle una pregunta: ¿Si el dinero fuera bastante y esta nueva actividad pudiera adaptarse a su horario, se opondría usted a recibir un ingreso extra?"

Cierre:
"Tengo disponible (fecha y hora) y/o (fecha y hora) para que nos reunamos. ¿Cuál de estas opciones es mejor para usted?"

Nota: Es importante antes de hacer la invitación, fijar claramente fecha, hora y el escenario (virtual o presencial). Y establecer el lugar de la reunión: presentación de oportunidad personal o a una reunión del SEN Team.

¿Cómo hacer frente a las *objeciones*?

- Si ellos dudan y quieren más información diga lo siguiente: "(nombre del prospecto), estoy seguro de que tendrá muchas preguntas, es por eso que lo llamé hoy. ¿Está usted disponible (día y hora) para reunirnos y obtener los detalles?"

Fije la cita otra vez

- Si insisten: "(nombre del prospecto), ¿Por qué no le dejo esta información (video de contacto) y, después que la haya evaluado, lo llamo para reunirnos y discutir todos detalles?

Llame luego para fijar la cita

- Si insiste una persona con quien tiene una relación estrecha: "(Nombre del prospecto), confíe en mí y en esto. Yo quiero que usted vea lo que estoy haciendo."

Fije la cita otra vez

- Si dice estoy ocupado: "Si, lo sabía cuándo lo llamé, pero este concepto tiene una característica de tiempo compartido que lo hace ideal para personas ocupadas y productivas como es su caso."

Fije la cita otra vez

- Si dan cualquier otra objeción: "(Nombre del prospecto), ¿es la única objeción que tiene? Entonces no hay problema ya que este negocio tiene un mecanismo que resuelve esa problemática que usted comprenderá cuando nos reunamos".

Fije la cita otra vez

- Si el prospecto pregunta: "¿Qué compañía es? ¿Es 4Life?" Esta pregunta vendrá solo ocasionalmente, pero puede venir en el momento de la invitación. Este es el momento para sentirse orgulloso y confiado. Nunca dude. Su respuesta y postura debe ser como sigue:

"Efectivamente así es. ¿Qué sabe usted de 4Life? ¿Ya pertenece usted a la red? ¿Qué sabe sobre las diferentes formas de ganar dinero? ¿Qué conoce usted sobre ingreso residual? Debido a que 4Life es una corporación libre de deuda y con un antecedente impecable de integridad, nosotros sabemos que responde por sus compromisos."

"También estamos expandiendo internacionalmente en grandes mercados y usted puede conocer personas en uno de esos países. ¿Por qué no nos reunimos y conversamos? ¿Por qué no evalúa esta información (video de contacto) y luego hablamos?"

Fije la cita otra vez

Recuerde que usted tiene un conocimiento superior al de ellos con respecto al negocio. Sea paciente y no esté defensivo con negativas. Comparta lo que usted ha descubierto y se admirará al ver cómo la gente puede cambiar rápidamente. Siempre vuelva a la frase: "¿Por qué no nos reunimos y así usted puede analizar todos los detalles antes de tomar una decisión?" o "Yo tenía la misma actitud defensiva, pero me enteré cómo este negocio ha cambiado la vida de muchas personas. ¿Crees que sería mejor invertir un poco de su tiempo en mirar todos los detalles antes de tomar una decisión?"

Fije la cita otra vez

Nota: Si al usted enviar el "material de contacto" al prospecto, éste continúa haciendo preguntas o pidiéndole una explicación detallada del negocio, simplemente indíquele con firmeza que todo eso está explicado en el material que le acaba de entregar. Dígale que lo evalúe y que luego de que lo haya evaluado se reunirán para aclarar dudas y ampliar sobre algún aspecto del negocio.

6. Presentación de la oportunidad

HAGA DOS Presentaciones de Oportunidad
Usted podría tratar de invitar algunos prospectos a una reunión del SEN Team o hacer reunión de uno a uno. Pero su negocio comenzará realmente a crecer cuando usted sea el anfitrión de dos reuniones y presente la oportunidad a un grupo de sus prospectos.

Programe dos fechas, permítales a sus prospectos la posibilidad de elegir. Haga la invitación en forma personal, como si fuera el único invitado, ya que si se percatan que es un grupo puede que no se sientan tan comprometidos en asistir. Usted debe vestirse de estilo casual de negocios.

Al terminar la presentación, proporcione a cada invitado interesado la Información de seguimiento. Programe en su calendario una reunión de seguimiento dentro de las próximas 24 a 48 horas con cada interesado.

Luego de las dos primeras presentaciones grupales de oportunidad, deberá programar reuniones para presentar el plan para desarrollar la profundidad, así como repetir las reuniones para reforzar y profundizar en los conceptos. Haga su presentación utilizando la Presentación Modelo sobre la oportunidad del negocio.

La presentación de la oportunidad tiene como propósitos principales:

- Llevar el mensaje de que existe una oportunidad llamada red de mercadeo a través de la cual se puede lograr la independencia financiera y hacer los sueños realidad.

- Promover el producto a través de sociabilizarlo y de dar a conocer testimonios.

- Modelar al anfitrión de la presentación y a las personas que asistan, cómo se conducen las presentaciones de oportunidad.

- Construir la relación entre el patrocinador, el anfitrión y las personas que asistan como invitados a la reunión.

- Desarrollo de liderazgo.

- Crear confianza y seguridad en los invitados de que no van a estar solos y que van a estar apoyados por SEN un equipo de profesionales en la industria de red de mercadeo, y un sistema que les va a enseñar cómo construir un negocio altamente productivo.

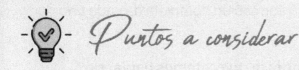

Puntos a considerar

 1. La invitación

 2. Una buena asesoría al anfitrión de la reunión en como se va a conducir la misma

 3. La convicción del anfitrión.

La invitación:

Las personas se van a atrever a hacer la invitación si saben las contestaciones para las preguntas que le van a hacer los invitados. Hay dos tipos de preguntas que son las que le hacen a uno cuando invitamos:

- Preguntas de conocimiento
- Preguntas de excusa

Las preguntas de conocimiento son tres:

1. **¿De qué compañía estamos hablando?**
   Hablamos de 4Life Research, compañía fundada en 1998 por un equipo de expertos en la creación de ingresos residuales. Esta compañía está creciendo enormemente a nivel internacional y está colocada entre las primeras en Global 100 a nivel mundial.

2. **¿Qué productos tienen?**
   La línea de productos es tan grande que cuando nos reunamos

voy a proporcionar una información completa de cada uno de ellos.

3. ¿Podría explicarme sobre lo que estamos hablando?
Son muchos los detalles para discutir. Sin embargo, las personas que van a hacer la presentación son expertos en ayudar a la gente en cómo ganar ingresos residuales.

Hay dos tipos de ingresos: Ingreso lineal e Ingreso residual.

Ingreso lineal es el que usted y yo tenemos. Trabajamos y por el número de horas que trabajamos nos pagan, o sea, cambiamos tiempo por dinero.

Ingreso residual es el único ingreso que le puede dar más libertad de tiempo. Este ingreso no depende del 100% de su esfuerzo, sino que su esfuerzo está compartido con otras personas. Los expertos consideran que es la mejor forma para poder lograr la independencia financiera.

Nota: Si la persona insiste mucho de que quiere más información, envíe el Video de Contacto. https://sen.team/sen-herramientas/

Cuando el prospecto pone excusas:

"No tengo tiempo", o "Es muy lejos", o "No me gusta vender", o "No tengo dinero" . Las preguntas de excusas se contestan con la misma excusa.

Por ejemplo: Pedro dice: "Es que no tengo tiempo..."

(Usted contesta: "¡Precisamente, Pedro! Por eso te estoy invitando, porque sé que no tienes tiempo/estás muy lejos/ no te gusta vender/ no tienes dinero"). Continue con la invitación.

 ## 2. Buena asesoría al anfitrión:

Antes de llevar a cabo la presentación de oportunidad en la casa (virtual o presencial) tenemos que reunirnos con el anfitrión para explicarle algunos aspectos de la reunión.

- Explicarle cómo invitar.

- Explicarle porque está en el Sistema (La Guía) y lo que el Sistema va a hacer por él o ella. El Sistema es un conjunto de elementos: La Guía, audios, videos, SEN Universidad, actividades presenciales y virtuales, y libros, que le va a permitir convertirse en un profesional en redes de mercadeo. Este Sistema le va a brindar una oportunidad real de construir redes sólidas, estables, en crecimiento y productivas. Le va a dar la oportunidad de lograr su independencia financiera y así hacer sus sueños realidad.

- Explicarle sobre el ambiente en que se debe desarrollar la reunión, enseñarle cómo contar su historia y cómo edificarte para que te presente.

 ### 3.La convicción del anfitrión:

El anfitrión debe tener la convicción, debe creer verdaderamente en lo que hace. Los invitados le van a preguntar y es importante que esté preparado. La convicción del anfitrión es lo que determina en gran medida el éxito de la reunión.

La Presentación de Oportunidad se dividen en tres partes:

1 **La reunión antes de la reunión:** Es cuando los invitados van llegando o se van conectando a la reunión. Establezca una comunicación positiva. Esta comunicación puede ser con relación a temas personales de ellos: ¿De dónde son?, ¿a qué se dedican?, e intercambio de opiniones.

2 **Presentación de la oportunidad:** Antes de la reunión, recuerde lo siguiente:

• La presentación consiste en dos partes: la primera es la presentación del orador por parte del anfitrión, la segunda es la presentación del Plan. La persona a cargo debe ser el patrocinador o el "up-line" que esté preparado. La presentación debe durar máximo 45 minutos.

• La presentación debe ser simple y fácil de entender. Mientras más simple, más duplicable y poderosa va a ser. Lo más importante es que parta del corazón; esto es lo que la hace duplicable. Si se hace muy sofisticada no se va a duplicar.

• Usar el Modelo del Plan (sen.team/herramientas) y el video del mismo para aprender lo necesario acerca del Plan.

• El anfitrión debe grabar el Plan y tomar nota. Esto le da credibilidad al orador y a la presentación.

• En la presentación de la oportunidad, una de las cosas que hay que vencer es el miedo a dar el plan. Un líder que retrasa el dar el plan va a retrasar el proceso de duplicación en su organización. Si la persona espera tres meses para hacer una reunión, es poco probable que alguien de su organización lo haga. Practique la presentación del plan y grábela. Luego debe analizarla y memorizarla.

• Durante la presentación del plan cuando hable de los productos y del plan de compensación, haga referencia de que los detalles están en el folleto del plan de compensación (life

Rewards) y el catálogo de productos.

- Al hablar de su historia personal en el Plan, debe ser un testimonio vivo de las luchas en la vida antes de involucrarse en este negocio y lo positivo de la decisión que ha tomado.

- Es importante que al contar nuestra historia transmitamos las emociones de cómo nos sentimos por dentro y por qué estamos involucrados en esta oportunidad que 4Life y Social Economic Networkers nos ofrecen.

> **La reunión después de la reunión:** Es donde se va a hablar con los diferentes invitados y a los interesados se les proporciona información de seguimiento y se establece una fecha para aclarar sus dudas.

Nota: Información de seguimiento recomendada: Catálogo y los videos ¿Porqué 4Life?, las 8 Maneras de generar ingresos, La Revolución del Bienestar "(o la herramienta equivalente de acuerdo con el país que se esté trabajando.)

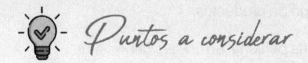

Puntos a considerar

- Antes de la reunión es importante conocer las respuestas a las probables preguntas que nos pueden hacer.

- Las personas que están interesadas usualmente hacen preguntas y/o muestran su interés al orador. Por lo general, si hay 7 invitados, de 2 a 3 van a interesarse. El error es tratar de atenderlos a todos. Se debe concentrar en aquellos que tengan más interés.

- Si las personas preguntan sobre los productos y/ o el Plan de Compensación, se les proporciona el Catálogo y/o el folleto "Life Rewards" y el video "8 Formas de Generar Ingresos.
Se agenda fecha y hora para reunirse y aclarar las dudas, responder a las preguntas y calificar al prospecto entre cliente, distribuidor o desarrollador de redes. Esto es importante para determinar cómo vamos a trabajar con él.

- Nunca pregunte: ¿Te gustó?, ¿Qué piensas?

- Pregunte esto:
  ¿Quiénes consideras que podrían ser tus primeros líderes?

  ¿Qué puntos fueron los más que te llamaron la atención?

  ¿Cómo crees que este proyecto podría cambiar tu calidad de vida?

  ¿Cómo te sentirás el día que logres realizar tus sueños?

Cómo organizar una Presentación de Oportunidad *exitosa*

1. Establezca 2 fechas para que su patrocinador o líder de grupo lo acompañe a hacer la presentación del plan.

2. Comience a invitar a sus prospectos de 2 a 5 días antes de la reunión.

3. Apóyese en la "Invitación Modelo".

4. Invite el doble de personas de las que quiera que asistan a la reunión. Las personas tienen vidas ocupadas y cualquier cosa puede resultar en cancelaciones. No se arriesgue a desperdiciar el tiempo valioso de su patrocinador.

5. Asegúrese que la gente entienda que usted los estará esperando. Pídale que le confirmen su participación definitiva en el momento de hacer la cita, si no, usted puede invitar otra persona y luego hacer otra cita con ellos.

6. Usted debe vestirse casual de negocio, recuerde que es una reunión de negocios.

7. En el caso de presentaciones de oportunidad en las casas: No ponga muchas sillas, tenga sillas extra disponibles. Es mejor traerlas más tarde si las necesita, antes que tener sillas vacías.

8. Encierre cualquier animal que pueda causar distracción y asegúrese que alguien cuide a los niños pequeños durante la reunión.

9. Silencie su teléfono y apague el televisor.

10. Empiece a la hora indicada y por favor, no mencione aquellos que no han asistido. Esto crea una atmósfera de fracaso aún antes de comenzar y da la impresión a los que vinieron de que ellos no son importantes.

11. Si es reunión en casa, no sirva refrigerios durante la presentación. Al finalizar la reunión puede servir refrigerios, trate de usar implementos desechables para simplicidad. No queremos amas

de casa compitiendo con sus vajillas.

12. Nunca sirva bebidas alcohólicas de ninguna clase.

13. El anfitrión debe comenzar presentando al que hablará como un amigo y socio exitoso. Exprese su confianza en ellos y su aprecio por el orador de dar de su tiempo para ofrecer su ayuda en explicar este concepto.

14. Esté atento, tome notas, grabe la reunión para luego estudiarla.

15. Al cierre de la reunión, reitere en su seriedad con respecto al negocio.

16. Ofrezca refrigerios mientras el patrocinador contesta preguntas y usted proporciona la información de seguimiento a cada interesado.

17. Programe fechas de seguimiento para cada prospecto interesado.

18. Durante el momento social haga preguntas tales como: "¿Alguna vez recibió una explicación de este tipo de negocio?" "¿Es fácil entender cómo hacemos dinero con esto?" "¿Ha pensado usted en alguna otra persona que podría introducir a la red?"
"¿Qué parte le interesa más de lo que usted vio y escuchó?"

19. Asegúrese de que los prospectos tengan el material de seguimiento.

20. Siempre invite sus prospectos para la próxima reunión del SEN Team de patrocinio y dígales que pueden traer sus prospectos. Recuerde y mencione el hecho de que "este negocio hace más sentido la segunda vez que uno lo ve."

21. Mueva el negocio hacia el desarrollo de la profundidad programando presentaciones de oportunidad (virtual o presencial) de sus prospectos para construir la seguridad de su negocio y el ingreso residual.

7. Seguimiento

Una vez haya presentado la oportunidad y proporcionado la información de seguimiento, este tendrá a su disposición toda la información que necesita para tomar una decisión. Coordine una cita para dar el seguimiento lo antes posible, preferiblemente antes de 48 horas.

El objetivo de este seguimiento es ayudar al prospecto a pasar por el proceso de toma de decisiones. Permita que cada uno juzgue por sí mismo. No discuta, ni lo presione. Deje que elija lo que desea. No se trata de vender un kit. Si entra a su prospecto a esta oportunidad bajo presión como si fuera un argumento de venta, no significa que vaya a desarrollar el negocio. Recuerde que el Sistema Educativo ha sido diseñado para pasar a su prospecto a través de todo un proceso de información, para que sea el prospecto quien elija el camino a seguir, ya sea desarrollador, distribuidor o cliente.

Verifique si su prospecto tiene alguna pregunta o duda y aclárela con actitud positiva. Probablemente, usted tendrá que explicar ciertos aspectos de la oportunidad de nuevo. No se preocupe si hay preguntas. Si el prospecto tiene preguntas es una buena señal de interés. Limítese a contestar y a aclarar las dudas de su prospecto de manera corta y sencilla. Un error común es tratar de convencer con exceso de información técnica del producto o del plan de compensación. El exceso de información técnica retrasa la toma de decisiones, ya que pone a su prospecto a pensar lógicamente. Por ejemplo: Si le estamos dando un seguimiento a una persona cuya preparación no es en el área de la salud y le damos exceso de información técnica sobre el producto, al no poder comprenderla se confunde

y puede no visualizarse haciendo el negocio, ya que lo ve muy complejo.

El Sistema Educativo nos provee de herramientas que hacen el proceso más simple para que se duplique. Esto permite que el prospecto se visualice haciendo el negocio, al ver que es muy sencillo. Por lo tanto, usted puede decirle: "Cuando yo vi esta oportunidad por primera vez no pude entender todos los detalles, por lo que me di una segunda oportunidad de ver otra presentación y fue allí que pude comprender mejor lo que este proyecto podría hacer por mí y el futuro de mi familia." Edifique la reunion SEN Team e invitelo a ella. El exponerlo y que pueda conocer personas que están teniendo éxito en SEN le va a permitir tomar la decisión correcta. Tenga información de seguimiento disponible en todo momento.

Trate de no dejar gente en el aire después que usted ha hecho el seguimiento. Cuando usted ha aclarado las dudas, contestado todas las preguntas y su prospecto le ha expresado su grado de interés, entonces es que debe ayudarle a tomar una decisión de acuerdo a las siguientes tres opciones:

1. Desarrollador: Comienza a construir la red para lograr la independencia financiera a través de la generación de ingresos residuales.

2. Distribuidor: Gana dinero al promover los productos por internet a travees de "Mi Tienda" o de forma presencial.

3. Cliente: Compra productos para su bienestar y el de sus seres queridos.

Una vez que usted sabe dónde se ubica su prospecto, puede ayudarlo para que empiece correctamente. programe una cita para hacer una Planificación y comenzar a pasar al nuevo afiliado a través del proceso que indica el Sistema Educativo.

Si elige ser desarrollador, compártale a su nuevo afiliado un audio del Sistema Educativo (https://www. youtube.com/@ SEN Videos o Spotify @ SEN Audio) mientras se reúnen nuevamente.

Objeciones comunes en el seguimiento:

Una persona que sigue con dudas después que usted lo ha pasado por todo el proceso anterior, probablemente tiene objeciones. Si su prospecto no se siente listo para asociarse en ese momento, es posible que usted tenga que explorar sus inquietudes más a fondo. Recuerde, este es un concepto nuevo y muy diferente para la mayoría de las personas y quizás no ha comprendido lo que usted explicó o tenga miedo de que no lo pueda hacer. Usted tendrá que tratar esas inquietudes con confianza, pero también con sensibilidad. El prospecto debe darse cuenta de que usted respeta y entiende lo que está diciendo. Asegúrele que usted le puede ayudar. ¡Usted sabe más de este negocio que ellos! ¡Usted sabe que cualquier persona con sueños, aspiraciones y un verdadero deseo de aprender puede tener éxito!

Además, sabe que la edad, la educación, la raza o la personalidad no son obstáculos al éxito. Las limitaciones de tiempo o dinero no son gran problema para desarrollar este negocio.

Su trabajo reafirmará esto que ya usted sabe: ¡Que la oportunidad es real! La mayoría de los miedos reales de sus prospectos están ocultos en las siguientes respuestas:

- "Estoy muy ocupado en este momento y no tengo tiempo".
- "No sé si esto es realmente para mí".
- "Todas las personas que conozco ya pertenecen a esto".

Muchos prospectos disfrazan sus miedos con respuestas como las anteriores en lugar de ser sinceros. Por ejemplo, dicen "Estoy muy ocupado." En vez de ser sinceros y decir: "No estoy seguro si puedo o podré hacerlo." Se nos paga generosamente en este negocio, por ayudar a la gente a sobreponerse a estas dudas y emociones negativas para que puedan tomar una decisión. Ellos le agradecerán por años si usted los ayuda a creer.

Dé una respuesta corta y lógica a sus inquietudes y objeciones. Luego dirija la conversación nuevamente a sus necesidades y sueños o aspiraciones. A continuación, varios ejemplos para lidiar con las inquietudes y objeciones:

 Si le dice: "No estoy seguro si esto es para mí." Usted debe responder: "Entiendo como usted se siente (Nombre). Nosotros nos sentimos así cuando vimos esta oportunidad por primera vez. Reconozco que me agradó grandemente entender lo que es esto cuando vi una segunda presentación. Mi consejo es que lo vea una segunda ocasión antes de tomar una decisión." Invítelo a la reunión del SEN Team.

 Si le dice: "No tengo tiempo". Usted debe responder: "Yo sé que usted está realmente ocupado y esa es una de las razones principales porque decidí hablarle. Yo mismo estaba ocupado todo el tiempo, pero descubrí que este negocio tiene una característica de tiempo compartido que soluciona ese problema y lo hace ideal para gente ocupada como nosotros. Esto es justamente lo que yo estaba buscando para tener tiempo y hacer las cosas importantes de la vida. Arreglemos para que usted vaya a una segunda presentación y conozca algunas personas con las cuales usted se podría identificar." Invítelo a la reunión del SEN Team.

 Si le dice: "Estoy preocupado con la saturación". Usted debe responder: "Ese fue también uno de mis primeros pensamientos, pero cuanto más pienso en eso me doy cuenta de que cada día más personas reconocen de las limitaciones de sus empleos. Todos los meses un número significativo de personas jóvenes se casan y buscan nuevas oportunidades. Hasta ahora nosotros hemos alcanzado solo un pequeño porcentaje del mercado."

Si le dicen: "Estoy preocupado de no ser de los primeros, ya que pienso que los primeros son los que más ganan". Usted debe responder: "En una oportunidad de Red de mercadeo no tiene que ser necesariamente de los primeros para ganar buen dinero. Se puede demostrar matemáticamente que una persona que comienza más tarde puede ganar más dinero que estos. Hay mejor adiestramiento, más experiencia, mejores herramientas y ejemplo de personas que están teniendo resultados. Coordinemos para que usted asista a nuestra próxima reunión del SEN Team y conozca personas que empezaron hace poco y ya están obteniendo resultados."

 Si le dicen: "No necesita más dinero" o "Estoy incómodo con el concepto de riqueza." Usted debe responder: "Puedo entender su preocupación (nombre), parece que muchas personas ponen mucho énfasis en el dinero. Nosotros estamos hablando realmente acerca de un medio financiero que puede ser usado para darnos más opciones. Este ingreso adicional ayudará a que su esposa no tenga que trabajar fuera mientras los chicos están en casa. Otras veces puede significar fondos extras para dar a personas necesitadas, la iglesia u obras benéficas. ¿Por qué no lo mira más a fondo?" Invítelo a la reunión del SEN Team, para que conozca algunas personas que creían como él.

Referidos: ¿Cómo obtenerlos?

Cuando ha aprendido a obtener referidos, nunca quedará sin prospectos, y es tan fácil. En vez de descartar a los prospectos que no tienen interés en organizar una red propia, pídale referidos. "Usted mencionó que por el momento no tenía interés en organizar una red. Pero si lo hiciera, ¿Quién le parece sería el mejor prospecto para este tipo de empresa? ¿Por qué?" En otras palabras, pida a su prospecto que se visualice como si fuera a desarrollar esta oportunidad y pregúntele los nombres de las personas que contactaría si estuviera en esa posición. Además de los prospectos que no tienen interés en esta oportunidad, también están los referidos de los clientes y distribuidores.

La clave para conseguir referidos es desarrollar una buena relación con todo prospecto. No lo dé por perdido si decide no seguir adelante con esta oportunidad en este momento. Si usted mantiene una buena relación, sin presiones, con todos sus prospectos, ellos le proveerán a usted los nombres de otros y hablarán de usted con sus amigos. Toda relación tiene el potencial de ayudar a su empresa, aún si no rinde frutos inmediatamente. Es por lo que el sistema enfatiza la planificación a largo plazo. A veces las semillas que uno siembra hoy brotan multiplicadas en un año o dos.

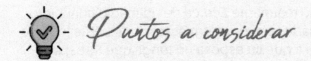

Puntos a considerar

- Coordine una cita lo antes posible, preferiblemente antes de 48 horas después para realizar el seguimiento y aclarar las dudas del prospecto.

- Establezca el día, hora y lugar de la cita.

- Dé opciones a sus prospectos. No presione, ni arrincone. Permita la libertad de elegir entre: Cliente (ofrecer algunos productos básicos), Distribuidor (le interesa la venta) o Desarrollador (su visión es desarrollar redes que le den la libertad).

- Si aún después del seguimiento tiene dudas, comparta alguna información adicional e invítelo a una segunda presentación o a la reunión del SEN Team.

8. Consulte con su patrocinador

El consultar y evaluar periódicamente el progreso en el negocio con nuestro patrocinador o líder de grupo es de gran importancia. Esto nos permite establecer dónde se encuentra nuestro negocio y así desarrollar estrategias, ajustes y acciones que permitan poner en marcha nuestra empresa. Es necesario preparar mensualmente un diagrama que incluya lo siguiente:

1 Nombre y puntaje por pierna (línea descendente).

2 Haga proyecciones de crecimiento para el próximo mes.

3 Revise el diagrama mensualmente. ¿Está conforme con el crecimiento que ha tenido? ¿En qué áreas debe mejorar?

4 Volumen logrado en tres niveles y volumen total de la organización.

5 En base al diagrama fije compromisos y metas mensuales.

6 ¿Cuántas presentaciones de oportunidad (virtual o presencial) voy a dar este mes?

7 ¿Cuántas personas de mi organización voy a llevar a la próxima actividad, seminario, feria de productos...?

8 ¿Cuántos clientes nuevos? ¿Cuál es el volumen de venta personal para este mes?

9 ¿Cuántas personas nuevas auspiciadas?

Enseñe los 9 pasos

- Enseñe constantemente los nueve pasos de La Guía a sus nuevos distribuidores. La forma de enseñarlos es: siguiendo los pasos y modelándolos.

- Es importante aprender bien las cosas para que pueda transferir correctamente a su gente. Nuestro ejemplo es la mejor manera de transferir nuestros conocimientos a la red.

- Mantenga su negocio simple. Haga cosas que la gente encuentre sencillas de duplicar y copiar.

- Primero, usted aprende; luego enseña a otros y finalmente enseña a enseñar, a través de historias, testimonios y preguntas. Esta es la mejor forma.

"No tratemos de eliminar la lucha...
Tengamos *sueños grandes*
Transformémonos en una persona
líder y pongamos acción"

EL CICLO DEL
Momentum

El objetivo principal del ciclo del momentum es crear un ambiente que haga posible encaminar al prospecto a través de un proceso educativo y de desarrollo. Es sumamente importante que las personas pasen por este proceso educacional sin ser forzados. El ciclo del momentum debe prepararlos para poder tomar las decisiones correctas. Además, permite fortalecer la relación entre el distribuidor y el prospecto. Si usted está pasando al prospecto a través del ciclo del momentum y la relación no es buena debe ir más despacio, tal vez requiera de otros medios como compartir un video de una historia de éxito o Video de Contacto.

El ciclo del momentum comienza con la lista de prospectos. Seleccione los prospectos y haga la invitación, siguiendo las guías de la "Invitación Modelo". Invite a los prospectos con los cuales hay buena relación o muestran interés directamente a la presentación de la oportunidad o a la reunión del SEN Team. Aquellos prospectos que necesiten una introducción más detallada a la comercialización en redes de mercadeo antes de presentarles la oportunidad empresarial pueden ser preparados usando el Video de Contacto o La Revolución del Bienestar o hacerle un perfil de interés (Ver página 180).

Estos videos magnifican el apetito de prospectos por más información. Este habla de las oportunidades financieras y del concepto de la comercialización en redes de mercadeo, de manera que encamine en ese sentido el pensamiento del prospecto. Dígale a su prospecto que usted quiere su opinión acerca de la información enviada.

Este método tiene como objetivo final, el llevar al prospecto a una presentación de la oportunidad o a la reunión del SEN Team. Después de un contacto inicial con un prospecto, la presentación de la oportunidad empresarial debe ocurrir dentro de un período de 5 días. La presentación de la oportunidad uno a uno o la reunión del SEN Team son los lugares más apropiados para hacer la presentación. Algunos quedan impresionados con una reunión grande y más planificada como la Reunión del SEN Team; otros responden mejor en un ambiente más íntimo y reposado, como la reunión uno a uno ya sea presencial o por video conferencia. Use su buen juicio para determinar en qué medio será más receptivo su prospecto.

La reunión en la casa ya sea presencial o por video conferencia es la piedra angular de todas las demás reuniones. Las relaciones se fortalecen mejor en una reunión pequeña donde hay más confianza. Por otra parte, las reuniones del SEN Team son una muestra impresionante del éxito colectivo. De la misma manera que la presentación de la oportunidad (virtual o presencial) aumenta el compromiso personal, la reunión del SEN Team aumenta el compromiso de toda la red.

Si no ha programado presentaciones de oportunidad (virtual o presencial) o reuniones del SEN Team dentro del período de 5 días después de su contacto con el prospecto, haga arreglos para una presentación individual (uno a uno). Una vez que usted domine el modelo de la presentación empresarial, ya no tendrá problema en adaptar su presentación a un ambiente individual. La presentación individual cuando se maneja bien puede ser efectiva, pero no llega a reemplazar la efectividad de la presentación de oportunidad en la casa (virtual o presencial) o la credibilidad de la reunión del SEN Team. La presentación individual puede ser una herramienta efectiva en situaciones en donde todavía no se ha establecido la relación con el prospecto.

Independientemente de donde reciba la presentación de la oportunidad empresarial, el prospecto debe recibir un material de seguimiento (Video ¿Por qué 4Life?, La Revolución del Bienestar, Las 8 Maneras de Generar Ingresos, video Historia de Éxito, literatura o video de Productos). A diferencia del material de contacto que solamente habla superficialmente, este material de seguimiento contiene una información más detallada de la presentación que usted acaba de hacer. En la presentación, usted siembra una semilla; el material de seguimiento asegura que está eche raíces.

En el seguimiento, tenemos la oportunidad de fortalecer la relación con el prospecto. El seguimiento conduce a tres caminos u opciones: convertirse en desarrollador, distribuidor o cliente. No importa lo que decida su prospecto, usted y su red se beneficiarán. Como indica el diagrama del ciclo del momentum, cada opción conduce directa o indirectamente a la lista de prospectos y el proceso comienza de nuevo. Los 9 pasos para la duplicación y el ciclo del momentum representan la forma más potente de la duplicación, estos dos son el núcleo del poderoso motor del Sistema Educativo.

Lista de prospectos

Prospectos referidos

Haga la invitación

| Material de contacto | Reunión oportunidad de negocio | Plan de oportunidad uno a uno | Reunión de SEN Team |

Material de seguimiento

Seguimiento

Desarrollador
KIT DE 4LIFE
2hrs de planificación empresarial

Distribuidor
KIT DE 4LIFE
1hrs de planificación empresarial

Cliente
KIT DE 4LIFE
1/2 hrs de planificación empresarial

DESARROLLADOR: • Apertura de la Guía • Descubra sus sueños • Establecer metas y compromisos • Lista de Prospectos • Dos presentaciones de la oportunidad

DISTRIBUIDOR: • Compra del paquete Esencial Profesional, Completo o Personal • Cómo ordenar productos • Maximizar las ganancias en la venta y uso de Mi Tienda

CLIENTE: • Cómo hacer órdenes • Referidos • Cliente puede convertirse en distribuidor • Catálogo de productos

Cultura organizacional orientada hacia los resultados y basada en la edificación

Uno de los errores comunes del patrocinador con el nuevo distribuidor es dar demasiada información en las primeras etapas. Este exceso de información reduce la efectividad para que el nuevo distribuidor pueda enfocarse en las cosas que son determinantes para hacer crecer su red en las primeras etapas. Así que nuestra principal función como patrocinador es enseñar y modelar los conceptos básicos que van a ayudar a este nuevo distribuidor a auspiciar personas, retener a estas personas e incrementar los volúmenes de su negocio.

En un negocio de redes de mercadeo estos tres conceptos son fundamentales para producir resultados. Social Economic Networkers en su interés por ayudar a cada miembro del equipo a que pueda alcanzar los resultados que está buscando, ha desarrollado un plan de acción que va a llevar a cada miembro a ser más efectivo en su negocio. Este plan de acción tiene como objetivo desarrollar una cultura organizacional orientada hacia los resultados y basada en la edificación.

La implementación de estas dos culturas en nuestras organizaciones nos va a elevar a un nivel de excelencia, donde la edificación y los resultados van a ser nuestra mejor carta de presentación. Esto se logrará, cuando juntos como equipo tengamos una conciencia colectiva donde la edificación y los resultados se conviertan en un hábito organizacional. El plan de acción de convertir a SEN en una organización con una cultura de resultados y una cultura basada en la edificación va a permitir que alcancemos nuestro objetivo como equipo, convertirnos en la organización más grande en la historia de las redes de mercadeo.

Para tener éxito en este plan, hemos desarrollado una serie de estrategias enfocadas en el auspicio, retención e incremento de volumen, que son los tres pilares indispensables para desarrollar redes sólidas, estables y productivas.

Estos tres pilares se sostienen sobre la base de la edificación de:

1	2	3	4
La compañía	**El equipo (SEN)**	**El sistema educativo**	**Su línea de auspicio**

Cuando edificamos constantemente estos cuatro puntos, estamos creando confianza, seguridad, credibilidad, compromiso, relaciones y lealtad en la red, lo cual produce un círculo de protección, permitiendo construir redes para toda una vida.

Cultura organizacional orientada hacia los resultados

Las organizaciones exitosas y productivas son aquellas cuya cultura organizacional está orientada hacia los resultados. Para esto, dichas organizaciones son eficaces al establecer hábitos organizacionales hacia cinco puntos fundamentales:

- Planificación

- Objetivos claros

- Estrategias

- Modelar (implementar)

- Evaluación de los resultados

Objetivos claros

Objetivo SEN: Construir la organización más grande y de mayor contribución social en la historia de las redes de mercadeo.

Planificación
Desarrollar una cultura organizacional orientada hacia los resultados y basada en la edificación.

Las estrategias para lograrlo

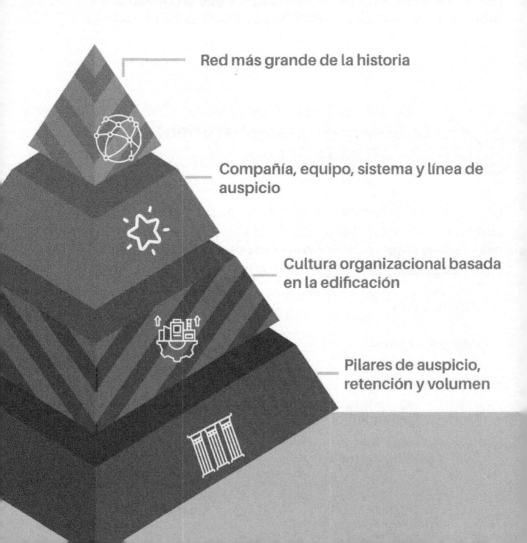

Red más grande de la historia

Compañía, equipo, sistema y línea de auspicio

Cultura organizacional basada en la edificación

Pilares de auspicio, retención y volumen

¿Cuáles son los pilares que nos permitirán desarrollar una cultura organizacional orientada a los resultados?

Auspiciar, retención e incrementar el volumen por distribuidor. Estos son los tres pilares que nos permitirán construir redes sólidas, estables y productivas.

La Oportunidad

Compañía 4Life
- Fabricación de los productos
- Administración
- Servicio
- Tecnología en sus productos
- Plan de compensación y sistema de pago de comisiones
- Servicio de envío, de entrega y garantía de los productos

Social Economic Networkers
Estructura de apoyo mundial a través de:
- Reuniones del SEN TEAM
- Seminarios
- SEN Universidad
- SEN Builder
- Convenciones
- Actividades del Sistema

Sistema educativo

- Es el cómo hacerlo
- Nos da el conocimiento para transformarnos en empresarios en redes de mercadeo.

Línea de auspicio
- Líderes formados con el conocimiento en nuestro sistema educativo para dar apoyo y modelar el sistema.

¿Cómo hacemos conscientes a las personas de la oportunidad que le ofrecemos?

- A través de la Edificación

¿Qué es la Edificación?

- Construir o crear una imagen.

¿A qué o a quién vamos a edificar para construir esa imagen?

- Compañía
- Equipo
- Sistema Educativo
- Línea de Auspicio

¿Qué estamos construyendo cuando edificamos?

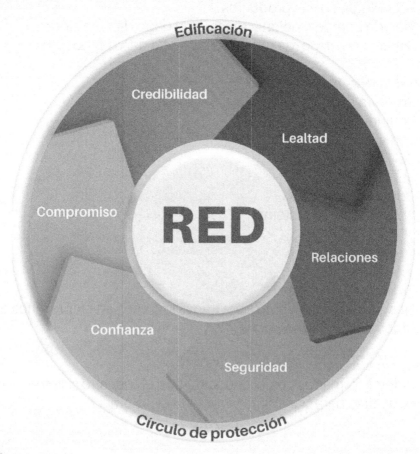

¿Por qué la edificación es la base para auspiciar, retener e incrementar el volumen?

Porque a través de la edificación creamos la confianza, la credibilidad, el compromiso, la seguridad, la lealtad y las relaciones; factores que son indispensables para que tanto el consumidor como los prospectos y los miembros de la organización crean en la compañía, el equipo, el sistema y la línea de auspicio. Esta confianza, credibilidad y seguridad son indispensables para que el prospecto tome la decisión de ingresar al negocio y para que la organización trabaje en equipo, se conecte al sistema y se apoye en su línea de auspicio.

Relaciones sólidas a través de principios y valores

Desarrollo del Líder

Distribuidor

Patrocinador

Distribuidor

Patrocinador

Distribuidor

¿Cómo creamos una cultura organizacional basada en la edificación?

Modelando con nuestro ejemplo la edificación en todas sus formas:

- Edificación hablada: Tiene que ser sincera, con gratitud y recíproca.

- Edificación no hablada: Es llevada a cabo a través de nuestras acciones.

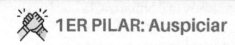 **1ER PILAR: Auspiciar**

Nuestra profesión en redes de mercadeo es construir una red de distribución. Dicha red está constituida por gente, por tal razón nuestro primer paso para ser exitosos en redes de mercadeo es auspiciar personas. Una red cuyos miembros son efectivos en auspiciar personas va a tener una organización en continuo crecimiento. Las organizaciones de redes de mercadeo más exitosas son aquellas cuyos miembros están conscientes de que su objetivo final es desarrollar una red constituida por tres categorías de personas: consumidor, distribuidor y desarrollador de redes. Cuando las estrategias que desarrollamos están alineadas para afiliar personas a estas tres categorías, es entonces que estamos maximizando la productividad de la red.

Para poder ser eficaces en auspiciar personas en cada una de estas tres categorías hemos creado unas estrategias dirigidas a esto. Si observamos La Guía en el diagrama del "Ciclo del Momentum", podemos observar que, en el seguimiento, el prospecto puede tomar uno de tres caminos al momento de tomar la decisión, esto es, puede decidir ser consumidor, distribuidor o desarrollador. Uno de los errores comunes que cometen los desarrolladores es no dar importancia a las primeras dos categorías o no tener las estrategias correctas para manejar eficazmente al consumidor y distribuidor.

¿Cuáles son las tres categorías de personas que constituyen una red?

 Cliente (consumidor)

 Distribuidor

 Desarrollador

Estrategias para auspiciar clientes

¿Qué es un cliente?:

 Es una persona que al escuchar el plan de oportunidad se interesa en consumir los productos.

 Persona que le gusta consumir productos naturales.

 Persona con alguna condición de salud, que ha entendido que el producto puede ayudarle.

Nota: Ver programa de cliente preferencial 4 Life y sus beneficios.

Si la persona elige la categoría de cliente siga los siguientes pasos:

- Cuéntele lo bien que usted se siente desde que utiliza los productos, mencione que todos en su familia están fascinados con los productos de 4Life, cuente algunos testimonios.
- Edifique la tecnología única de 4Life (Transferceutical, Trifactor eleva las defensas un 437%).
- Envíe el video y literatura de combinaciones de productos.
- Haga una orden de los productos para el cliente y su familia.
- Enséñele el Catálogo de Productos.
- Llene un formulario de datos personales del cliente (nombre, teléfono, correo electrónico ("e-mail"), dirección, productos que compró y cualquier información general de la buena salud.
- Pregunte si es posible dar una orientación de buena salud, bienestar y prevención con su familia, vecinos y amigos.
- Invítelo a la próxima feria de la buena salud.
- Pídale referidos.
- Contáctelo mensualmente para saludarlo y ver cómo le va con los productos y saber si necesita alguno.

Nombre:

Dirección:

Teléfono:

E-mail:

Productos Adquiridos:

Estrategias para auspiciar distribuidores

¿Qué es un distribuidor?

 Es una persona que entiende el potencial de la oportunidad en términos de venta y distribución del producto.

 Persona que por naturaleza propia le agrada la venta directa y es profesional en esa área.

 Persona que está muy interesada en sacar el máximo beneficio de las bonificaciones del plan de incentivo. (Ver plan de incentivos 4Life).

Si la persona elige la categoría de distribuidor siga los siguientes pasos:

- Llene el contrato y el formulario de Programa de Lealtad

- Explique los beneficios de ingreso al distribuidor:
  - Ganancia por la diferencia entre precio distribuidor y precio consumidor.
  - Recibe 25% de descuento de todo lo que venda en exceso de los 100 puntos.
  - Productos gratis cuándo compra 125 lp o más, además 15% de crédito para canjear por productos en el Programa de Lealtad.
  - Recomiende comprar un pequeño inventario de los productos de mayor venta para que pueda tener productos a la mano y vender a sus clientes.
  - Enseñe a promover la venta de productos en combinaciones.
  - Enséñele a usar Mi Tienda y cómo vender productos a través de esta (app)
  - Enseñe cómo ordenar los productos.
  - Recomiende las herramientas que le van a ayudar a vender sus productos:
    - Catálogo de productos.
    - Literatura de productos.
    - Video de productos.
    - PDR - Portada de "Physician's Desk Reference", donde indica que nuestros productos están es ese libro.
  - Pregunte si es posible dar una orientación de buena salud, bienestar y prevención, con su familia, vecinos y amigos.
  - Invítelo a la feria de la buena salud y conferencias de los productos para que aprenda sobre ellos.
  - Pida referidos.

¿Qué es un desarrollador?

 Es una persona que desea convertirse en un profesional en la industria de redes de mercadeo.

 Persona que combina a la perfección los beneficios de las tres categorías: clientes, distribuidores y desarrolladores.

 Es un buen consumidor de los productos, se convierte en el mejor promotor y a su vez consigue al menos 5 clientes que lo repiten mensualmente.

 Se convierte en el mejor distribuidor, maximizando el plan de incentivo.

 Entiende la importancia de prepararse para ser un líder o mentor para otros, además de que entiende la responsabilidad de transferir la información del sistema a quienes se integran al equipo.

Si la persona decide ser un desarrollador:

- Nuestro objetivo es que la persona que eligió la categoría de desarrollador de red aprenda lo antes posible los fundamentos y los pasos básicos para poner su red de distribución en crecimiento. Para esto nosotros como su patrocinador debemos guiarlo y modelarle a través del proceso. Uno de los principales errores como patrocinador de un nuevo socio es darle demasiada información en los comienzos.

- Un buen patrocinador sabe distribuir la información para darle tiempo al nuevo socio a que pueda asimilarla. El modelaje es la mejor forma de enseñar al nuevo desarrollador y para esto debemos estar conscientes que todo lo que hacemos es con el objetivo de que lo duplique. Por ende, es vital que el patrocinador tenga mucho cuidado en lo que modela, ya que se duplican los buenos hábitos que le llevan a tener resultados, como también se duplican los malos hábitos que lo conducen al fracaso. Por tal motivo, no se comprometa modelar cosas que no están en el sistema porque puede tener como resultado una organización que no se duplica.

- Los primeros 90 días del nuevo socio son cruciales, así que asegúrese de pasarlo por el proceso correcto que lo lleve a aprender las estrategias que lo conducen al éxito. Concentremos nuestras estrategias en los tres pilares: **Auspiciar, Retener e Incrementar el Volumen.** Cuando modelamos correctamente estas estrategias al nuevo socio, lo estamos conduciendo a tener una red de alta productividad.

Aprenda bien estos pasos y luego enséñelos

1. **Dar un buen seguimiento al nuevo distribuidor es:**

- Llenar el contrato y orden de Programa de Lealtad.

- Presentar como primera opción para entrar el Kit de 800LP y explíquele los beneficios de éste. Si las finanzas no lo permiten entonces 400 LP o 200LP.

- Cree la seguridad.

- Transfiera la visión, manténgalo motivado y entusiasmado. ¿Cómo podemos hacer esto? El día que esté llenando el contrato es el momento ideal para reforzar esto. Dígale que la decisión que ha tomado de ser desarrollador de redes es una de las decisiones más importantes que ha tomado en su vida. Que a través de esta oportunidad él va a poder lograr sus sueños y ayudar a muchas personas a hacer lo mismo. Es importante que usted le pinte el cuadro completo de cómo va a ser su futuro debido a esta decisión. Usted debe convertirse en el profeta del futuro del nuevo distribuidor. Dígale que usted está ahí para ayudarlo y para apoyarlo.

• Edifique su línea de auspicio para que él sienta que más allá de usted hay todo un equipo de personas que lo van a apoyar. Esto le dará gran seguridad al nuevo prospecto. Llame inmediatamente alguno de sus líderes "upline", para que le den la bienvenida al equipo y lo feliciten por la decisión que ha tomado. Además, para que estos líderes se pongan a su disposición. Esto creará gran confianza y seguridad en el nuevo socio.

• Edifique la línea de auspicio y preséntele algunos líderes "upline" para que sienta el apoyo de todo un equipo.

2. Conéctelo al sistema

• Edifique el sistema educativo para conectarlo a este.

• Es importante que él sienta que más allá de usted hay toda una metodología para enseñarle a cómo hacer este negocio a nivel profesional. Dígale que usted le va a modelar este sistema a través de su ejemplo.

• Entréguele, La Guía, conéctelo a SEN Universidad y al SEN Builder. Explíquele que este va a ser nuestro manual de instrucciones del sistema y una guía de consulta constante para aprender las estrategias correctas que le permitirán lograr los resultados. Dígale que estudie el capítulo del "Ciclo del Momentum" y que escuche Audio # 1 (La naturaleza negocio) y el Audio # 2 (Cómo tener una reunión exitosa en casa virtual o presencial).

- Edifique y conéctelo a SEN Universidad. https://senuniversidad.teachable.com/p/ networkmarketingfundamentos

- Muévalo a la reunión de SEN Team. Explique que esta reunión es determinante para poder ser un desarrollador de redes. Que es el lugar donde nos reunimos todos los socios para adiestrarnos en el sistema y para llevar invitados a que vean la oportunidad.

- Entregue la taquilla del próximo evento y motívelo a asistir.

3. **Enséñelo a mover gente:**

- Haga la lista de prospectos.

- Seleccione los mejores 10 de la lista para hacer llamadas de conferencia con el apoyo del patrocinador para invitarlos a la presentación de la oportunidad.

- Enseñe al nuevo socio a mover gente a la presentación.

- Una de las cosas que he observado a través de los años es que la mayor parte de los nuevos socios pierden gran parte de su mercado caliente por no conocer buenas técnicas para abordar a las personas de su lista. Por lo general, el nuevo distribuidor aborda este mercado directamente cuando va a ofrecerle una oportunidad de negocio o un producto para su salud. Esta práctica de abordar a su prospecto directamente perjudica al nuevo distribuidor cuando está tratando de mover gente a su presentación, ya que este no goza de credibilidad, de fluidez y el conocimiento para hablar con propiedad de este tema. Con el objetivo de abordarlos correctamente y no agotar nuestro mercado caliente es importante utilizar las técnicas de cómo abordar este mercado.

- Técnicas para abordar el mercado caliente:
  Preguntas de conciencia. Ejemplo: "Te voy a hacer una pregunta, ¿Tu ingreso actual te permite cumplir con tus compromisos económicos y de familia? ¿Te gustaría quedar libre de deudas en un período de 2 a 5 años? ¿Has pensado

alguna vez en retirarte de tu empleo sin tener que cumplir con los años de servicio que exigen los planes de retiro?", "¿Si yo te dijera que en tu tiempo libre puedes construir una fuente de ingreso igual o mayor a la que tienes, estarías abierto escuchar una oportunidad?"

Edifique. Ejemplo: "¿Pues sabes algo? Al igual que tú, yo no sabía cómo lograrlo, pero conocí una persona que pertenece a un grupo de empresarios internacionales que se dedican a adiestrar a las personas en cómo mejorar las finanzas de la familia. Estoy bien agradecido porque me están enseñando y me gustaría que lo conocieras. Esta persona nos va a dar una orientación el viernes a las 7:00 pm. ¿Puedes acompañarme para que lo conozcas?"

4. **Para tener una reunión exitosa virtual o presencial**

- Responsabilidades del anfitrión (nuevo socio):

  - Estar motivado y entusiasmado con la presentación y con lo que le está sucediendo con la oportunidad.
  - Edificar en palabras y acciones al orador.
  - Dar un mínimo de 5 planes a la semana.

- Responsabilidad del orador (patrocinador):

  - Vestimenta casual de negocio.
  - Ser puntual.
  - Tener un Dispositivo (Celular, iPad, Computadora), pizarra y trípode o conexión a un televisor.
  - Tener un pequeño inventario de productos.
  - Dar un plan en base al modelo.
  - Tomar lista de los asistentes.
  - Abordar a los invitados y hacerle preguntas para tener un margen de referencia. Ejemplo: ¿Qué fue lo más que te llamó la atención de lo que viste? ¿Has pensado en algún sueño que te gustaría hacer realidad? ¿Has pensado en alguien que pudiera ser tu primer socio?
  - Determina si quieren más información para luego enviar información de seguimiento y formalizar la cita con la agenda. Ejemplo: ¿Te gustaría que te envíe información de

todo lo que hablamos aquí para que la puedas evaluar? (El objetivo es establecer más reuniones con las personas que asistieron)

 ## 2DO PILAR: Retención

Se divide en tres áreas importantes:

Conectar a las personas al Sistema Educativo
a. Actividades del sistema
b. Herramientas del sistema

Edificación
a. Compañía
b. Equipo SEN
c. Sistema educativo
d. Línea de auspicio

Fortalecer la relación
a. Enfocarse en sus sentimientos.
b. Tratarlos como miembros de una gran familia.
c. Levantarles la moral.
d. Mostrar interés por lo que son, no por lo que se puede obtener de ellos.
e. Fortalecer la relación a través de los valores.
f. Crear confianza mediante integridad y honestidad.
g. Dé un sentido de seguridad y credibilidad a través de la edificación.

Relaciones sólidas a través de principios y Valores

Desarrollo del Líder

Distribuidor
↓
Patrocinador
↓
Distribuidor
↓
Patrocinador
↓
Distribuidor

3ER PILAR: Volumen

1. Conviértase en el mejor consumidor de sus productos.

2. Conviértase en el mejor promotor.

3. Tener un inventario de productos para crear clientes repetitivos y sociabilizar el producto.

4. Dar a las personas la oportunidad de entrar con el paquete de 400LP
   • Beneficios de entrar con el paquete Profesional de 400LP.

   • La gente entra con un paquete profesional con productos para consumir y promover en las reuniones, lo cual facilita el incremento de volumen de negocio.

   • Las personas en la organización duplican lo que hiciste, esto te da la autoridad para promoverlo.

   • Es un buen negocio. Esta opción va dirigida a personas con una alta visión empresarial y de negocio.

   • A mayor volumen de negocio, más rápido se llega a las posiciones y se logran resultados.

   • Obtienes un inventario de productos con ahorros.

   • El que patrocina recibe el 25% de ganancia.

5. Tener literatura y herramientas de productos en un archivo para poder enviar a los interesados en más información.

Cliente	Distribuidor	Desarrolador
Envie video y lietratura de los productos	Llenar el contrato y el formulario del Programa de Lealtad	Llenar el contrato y orden del Programa de Lealtad
Muestre el catálogo de productos	Explíquele los beneficios de ingreso de un distribuidor	Presentar el Kit de 400LP como opción para entrar (Háblele de los beneficios)
Ofrezca las combinaciones de productos ideales	Recomiende comprar un pequeño inventario de productos	Cree la seguridad
Haga una orden de productos	Enseñarle a promover la venta de productos en combinaciones	Edifique la linea de auspicio
Llene un formulario de información personal	Recomendar las herramientas que le van a ayudar a vender los productos	Edifique el sistema educativo
Pregunte si es posible dar una orientación de buena salud, bienestar y prevención con su familia, vecinos y amigos	Pregunte si es posible dar una orientación de buena salud, bienestar y prevención con su familia, vecinos y amigos	Entregue La Guía y conéctelo a SEN Universidad
Invitelo a la próxima feria de buena salud	Invitelo a la próxima feria de buena salud	Muévalo a la reunión del SEN Team
Pídale referidos	Pídale referidos	Entregue la taquilla del próximo evento
Llámelo mensualmente para saber como le va y si necesita algún producto	Enséñele a usar Mi Tienda	Hacer una lista de prospectos
		Calificar los mejores 10 de la lista
		Enséñale a mover gente a través de hacer preguntas de conciencia y edificación
		Programe las primeras 2 Presentaciones de la Oportunidad

La Planificación Empresarial

La Planificación Empresarial debe durar aproximadamente de 1 a 2 horas y debe programarse en el momento en el que se asocie el nuevo líder. Estas sesiones que normalmente tienen lugar cuando usted y su nuevo líder repasan el contenido de La Guía y el kit de distribuidor, prepara a su líder para que descubra sus sueños, haga planes y comience a desarrollar su empresa. Esta planificación evita la causa más común de pérdida de distribuidores, que es no saber qué hacer. Después que el líder pasa por esta sesión de 2 horas, su relación con el nuevo líder será sólida y tendrá un sentido firme de la dirección que debe tomar. Es aquí donde al líder se le enseñan los conceptos básicos que necesita saber para poder desarrollar la red y así convertirse en un profesional en la industria de Redes de Mercadeo.

Es importante explicar al nuevo líder que las Redes de Mercadeo son una profesión y que Social Economic Networkers tiene un Sistema Educativo que lo llevará a convertirse en todo un profesional en la industria de las Redes de Mercadeo. El desarrollador combina 3 papeles: arquitecto, constructor y líder. El desarrollador es un organizador con visión, una persona que sabe soñar y que sabe hacer sus sueños realidad. Cuando uno piensa como arquitecto, actúa como constructor y lidera como un maestro pasará a la categoría de desarrollador.

Características de un desarrollador:

1. Arquitecto
   a. Visualiza grandes proyectos.
   b. Estudia La Guía.
   c. Diseña un plan de acción.

2. Constructor
   a. Sigue los 9 pasos para la duplicación.
   b. Presenta la oportunidad.
   c. Establece las relaciones.
   d. Participa de las actividades y reuniones del sistema.
   e. Usa 100% los productos de 4Life.
   f. Tiene 5 clientes que repiten pedidos.

3. Líder
   a. Demuestra un espíritu de equipo.
   b. Capacita a sus distribuidores.
   c. Evalúa el éxito.
   d. Usa y promueve las herramientas del Sistema Educativo.

1. Apertura de La Guía

Descubra sus sueños: Lo primero que un nuevo líder debe hacer es examinar cuáles son sus sueños. Usted que es el patrocinador de este nuevo líder debe contarle porqué usted está desarrollando el negocio y decirle cuáles son sus sueños. Esto permite que el nuevo líder tenga más confianza en contar que sueños quiere lograr y además ayuda a fortalecer la relación entre ambos. Cuando se comprometen a trabajar en equipo para que los sueños de ambos se hagan realidad, crea una relación permanente.
Si estamos descubriendo los sueños del nuevo distribuidor, la mejor forma de hacerlo es a través de preguntas. Puede usar como modelo lo siguiente: Para que su empresa se encamine bien, el sueño tiene que ser preciso y no un vago deseo. ¿Puede usted describir su sueño con detalles específicos? ¿Lo puede ver en su mente? ¿Es tan verdadero su sueño que usted lo puede sentir, tocar, saborear? ¿Usted sabe lo que es su sueño total y completamente? ¿Por qué decidió usted iniciar este negocio? ¿Qué es lo que quiere lograr?

Cuando pueda contestar estas preguntas habrá identificado su sueño.

¿Cuál es su sueño ahora? Y más importante aún: ¿Qué está dispuesto a hacer para que sus sueños se hagan realidad? ¿Ha pensado en los obstáculos que encontrará en el camino? ¿Estará usted dispuesto a vencerlos? ¿Está seguro que su sueño vale todo lo que usted tendrá que esforzarse para realizarlo? En otras palabras: ¿Es su sueño algo real?

Cuando encuentre su sueño estará listo para actuar. ¿Qué sueños en específico lo inspiran a actuar? ¿Qué es lo que usted desea? Hay dos cosas que la mayoría de nosotros deseamos: tener suficiente dinero y el tiempo para disfrutarlo. Queremos seguridad financiera y la libertad para poder viajar. Queremos ser reconocidos por lo que hemos logrado, queremos ser apreciados. Queremos disfrutar de una vida sin presión, sin restricciones.

Queremos ser "Libres". Sin acción el éxito será imposible. Actuamos porque soñamos. Lógicamente, para tener éxito tenemos que encontrar un sueño sincero y preciso. ¿Cuál es su sueño?

Ponga a prueba su sueño, pregúntese:

1. ¿Cuánto hace que tiene ese sueño? ¿Se queda despierto por las noches imaginando cómo lo logrará?
2. ¿Qué otros sueños tiene?
3. ¿Está dispuesto a vencer cualquier obstáculo para que su sueño se haga realidad?
4. ¿Si fuera a seleccionar un sueño como el más importante de todos? ¿Será ese?
5. ¿Podría usted lograr su sueño con su trabajo actual?
6. ¿De qué otra manera podría usted lograr su sueño?
7. ¿Es esta oportunidad la única manera de lograr su sueño?

Establecer las metas y compromisos

Cómo establecer las metas

Durante el proceso de establecer sus metas recuerde siempre: ¿Qué debo hacer? Las metas no son sueños, se refieren a acciones específicas y a niveles de logro dentro del plan de compensación de 4Life. El primer paso es definir dónde usted quiere estar al final de su plan:

1. Establezca un período de tiempo: ¿Cuándo usted quiere lograr su meta? Para esto puede servir como marco de referencia el Plan de Independencia Financiera de 2 a 5 años de 4Life. Escriba su propia gráfica personal y póngale las fechas en las que quiere llegar a las diferentes posiciones dentro del Plan de Compensación de 4Life.

2. Consulte el Plan de Compensación de 4Life.

3. Establezca metas a corto plazo para Constructor/Elite, Diamante/Elite y Presidencial/Elite.

4. Establezca metas a mediano plazo para Bronce/Elite, Plata/Elite

5. Establezca metas a largo plazo para Oro/Elite y Platino/Elite

6. Anote su progreso en su propia gráfica y evalúe.

Haga el compromiso

Cuando usted establece un compromiso con su nuevo líder y él lo establece con usted, podemos comenzar a emprender la acción en el negocio para hacer que las cosas ocurran. Determinamos los días y las horas de la semana que el nuevo líder está dispuesto a invertir en su negocio. Establecemos un plan de trabajo y acciones diarias que hay que realizar para alcanzar las metas que hemos establecido. Llenamos nuestro certificado de compromiso para identificar a los desarrolladores.

Los distribuidores de Redes de Mercadeo son empresarios independientes, no son empleados. Por esta razón, el compromiso debe ser con usted mismo, con su empresa que es su Red y con el futuro de su familia.

Certificado de compromiso para identificar los desarrolladores

Yo _____ me comprometo _____ a:
(Nombre del líder)   (Nombre del desarrollador)

- Seguir los pasos de La Guía
- Asistir y promover todas las reuniones y actividades
- Trabajar en equipo contigo para desarrollar la Red
- Mantenerme activo y hacer mi consumo mensual
- Invertir mínimo de 10 horas semanales
- Hablar por lo menos con una persona al día de la oportunidad

Firma del líder   Fecha

Yo _____ me comprometo _____
(Nombre del desarrollador)   (Nombre del líder)

a apoyarle sin restricciones en el inicio de su negocio de red de mercadeo para que tenga éxito sin límites y cumpliré los siguientes compromisos:

- Llevar a cabo una planificación empresarial con el propósito de realizar un plan de acción para poner su negocio en marcha. Con este plan de trabajo definiremos sus sueños, estableceremos metas, compromisos, desarrollaremos una lista de prospectos e invitaremos a estos a una reunión de oportunidad.
- Modelaré cómo se da un plan de oportunidad hasta que lo aprenda.
- Enseñaré con ejemplo todos los pasos de La Guía hasta que adquiera confianza en esta y obtenga los conocimientos que le permitan lograr sus metas.

Firma del distribuidor   Fecha

Haga una lista de prospectos y enséñele a invitar correctamente

Desarrollar la lista de prospectos

Una de las razones por las cuales la mayor parte de los nuevos líderes no desarrollan una buena lista es porque su patrocinador no se sienta con él para prepararla. Anime a su nuevo líder a poner nombres en la lista. Tenga en cuenta que entre más nombres tenga en la lista, mayores probabilidades tendrá su negocio de tener éxito. El mayor inventario en este negocio es la gente, por ende, debemos desarrollar una lista lo más grande posible. Coloque personas en las diferentes categorías:

 Lista cálida

 Lista de conocidos

 Lista de referidos

 Lista distante.

Enseñe a invitar correctamente

Otra de las razones que se atribuyen a la pérdida de prospectos es porque no le enseñamos a nuestro nuevo distribuidor a invitar correctamente. Como nuestra compañía tiene productos dirigidos a la salud, la tendencia del nuevo líder es invitar personas con problemas de salud que conoce. Esto retrasa el desarrollo del negocio, ya que la mayor parte de estas personas no desarrollan el negocio a nivel empresarial. La comercialización por Redes de Mercadeo es un negocio muy productivo y lucrativo que le puede llevar a alcanzar la independencia financiera. Si queremos desarrollar una red sólida y productiva, su enfoque debe ser el construir la red. Para que esto se logre debemos invitar correctamente. Recuerde, usted está invitando a una oportunidad de negocio.

Programe las dos reuniones de inicio

Fije la fecha de estas dos reuniones y explique al nuevo líder como se van a llevar a cabo estas. Las reuniones para presentar la oportunidad son la base del crecimiento de la red. Es aquí donde se comienza a fortalecer la relación entre los invitados, el nuevo distribuidor y el patrocinador. La presentación de la oportunidad es para llevar el mensaje de que existe una opción a través de la cual se puede lograr la independencia financiera y que hay todo un Sistema Educativo y un equipo como Social Economic Networkers el cual lo llevará paso a paso a lograr todas sus metas.

Apertura del Kit de 4Life

- Enséñale a inscribir personas en la aplicación.
- Enséñele a llenar la orden del Programa de Lealtad.
- Envíe los documentos a 4Life para obtener el código.
- Enséñele como ordenar productos y provéale el número de teléfono para ordenar o como ordenar a través de la aplicación.
- Recomendar los paquetes de inicio 800LP, 400LP, 200LP.
- Enséñele a bajar y utilizar la aplicación Mi Tienda de 4Life.

- Bajar la aplicación de Zoom y enséñele los conceptos básicos de cómo hacer una videoconferencia. (Ver Página 206)

Modelo de la
presentación empresarial

Social
Economic
Networkers

"Somos la Generación del Cambio
Socioeconómico"

I. Bienvenida e historia personal

Recomendación para la presentación virtual: Deje la cámara encendida mientras se relaciona con los invitados.

- Cuente brevemente su historia antes de la oportunidad. Sus luchas. ¿Qué sucedía a su alrededor en términos económicos y laborales?

- ¿Cómo llega esta oportunidad a su vida y por qué toma la decisión de hacerlo?

- Cuente como su relación con SEN y el sistema educativo han cambiado su mentalidad y lo están guiando a ser parte de una comunidad que agrega valores profundamente humanos.

II. ¿Quiénes somos?

- Cuénteles que somos un movimiento Socio-económico comprometidos con el cambio y la transformación.

- Exprese su sentimiento de gratitud como a través de su relación con Social Economic Networkers usted ha crecido como persona y el impacto que ha tenido en su vida al ser parte de esta organización.

- Cuénteles que SEN es una organización cuyo objetivo son las personas. El poder ayudar a trasformar las personas en líderes al servicio de la humanidad.

- Cuénteles que juntos como equipo estamos creando una conciencia colectiva donde los valores esenciales como el valor del ser humano, la igualdad, la libertad y el amor están en el centro de todas nuestras relaciones y decisiones que tomamos como equipo.

- SEN está provocando un cambio a una nueva economía basada en el bien común, la cooperación y el trabajo en equipo para que millones de familias puedan vivir un estilo de vida mejor.

III. Nuestra misión

- Nuestra misión como organización es guiar a nuestros asociados a través de un proceso de crecimiento personal, a que puedan contribuir a la sociedad en que vivimos y puedan alcanzar una vida de abundancia y prosperidad a través de la oportunidad financiera que le ofrecemos.

IV. Preguntas de conciencia

Hacer las siguientes preguntas crean conciencia en las personas que escuchan, los invitan a soñar y preparan el terreno mental para presentarle la oportunidad:

- ¿Qué harías con tiempo, dinero y salud?
- ¿Pasarías más tiempo con tus seres queridos?
- ¿Tomarías más vacaciones?
- ¿Saldarías tus deudas?
- ¿Ayudarías a tus padres económicamente?
- ¿Le darías una mejor educación a sus hijos?
- ¿Comprarías una casa nueva?

V. Las formas de generar ingreso han cambiado

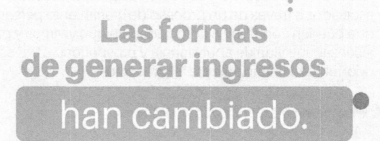

- El momento histórico que estamos viviendo ha creado nuevas formas de generar ingresos.

- El modelo tradicional del empleo que fue bueno para nuestros abuelos y nuestros padres no es la mejor forma de generar ingresos en este tiempo.

- La globalización económica, la tecnología, la interconectividad por redes y las plataformas de la nueva economía han cambiado la forma de generar dinero.

Permítame preguntarle:

- ¿Sus finanzas familiares están seguras?

- ¿Haciendo lo que estás haciendo actualmente, te visualizas en los próximos 2-5 años teniendo el estilo de vida que deseas para tu familia?

- ¿Podría usted retirarse antes de los 60 años?

- ¿Sabes cómo vencer económicamente en este tiempo?.

VI. Dos formas de generar ingreso en esta tiempo

- Modelo Tradicional

- Modelo Empresarial

VII. Modelo Tradicional (Empleado)

Empleado (40 - 50 años)

Horario Fijo (8 - 12 horas al dia

Ingreso Limitado
Salario

No heredable

Sacrificas tiempo por dinero

- Tienes que sacrificar 40-50 años de tu vida para finalmente recibir una pensión que no da para vivir. Esta es la realidad que están enfrentando la mayor parte de las personas después de haber trabajado toda una vida. El costo de vida, los gastos y la inflación al final de tus días, serán mayores que en el momento actual, por lo cual, necesitarás más ingresos para sostener el estilo de vida que llevas actualmente.

- En el empleo tradicional hay que cumplir con 8-10 horas de trabajo para poder sostener las exigencias de la empresa para la cual se trabaja. Estas extenuantes horas de trabajo nos dejan sin tiempo libre para poder vivir una buena calidad de vida familiar.

- El ingreso siempre estará limitado por un salario y determinado por las horas que trabajes diariamente.

- Nuestro empleo no lo puede heredar la familia. ¿Si usted fallece en este momento, las necesidades de su familia, quedarían cubiertas sin que usted este presente?

- En un empleo sacrificamos tiempo por dinero durante toda nuestra vida. Existe un modelo adaptado a la nueva economía con muchas ventajas que no ofrece el empleo tradicional.

VIII. Modelo Empresarial (Emprendimiento)

- Este modelo de negocio usted lo puede desarrollar sin dejar de hacer lo que está haciendo.

- En un periodo corto de tiempo (2-5 años) puede llegar a convertirse en la principal fuente de ingreso de su familia.

- El horario de trabajo es flexible, 2-3 horas bien invertidas diariamente podrían convertirse en una fuente de ingreso lucrativa.

- Es un modelo el ingreso ilimitado ya que su ingreso dependerá de su esfuerzo y dedicación a su propio proyecto de negocio.

- Al usted ser el dueño de su propia empresa, este modelo de negocio puede heredarse a sus hijos y familia.

- Le permite tomar control de su vida y su futuro financiero para que usted pueda hacer por sí mismo lo que nadie puede hacer por usted, proteger sus finanzas familiares y proveer un mejor estilo de vida a su familia.

IX. ¿Qué opción usted prefiere?

X. Ingresos Residuales

XI. Las redes de mercadeo

- Las Redes de Mercadeo ofrecen la oportunidad de iniciar su propio negocio durante su tiempo libre y de hacer por sí mismo lo que ningún otro puede hacer por usted; proteger su futuro y hacer realidad sus sueños.

- El concepto detrás de las Redes de Mercadeo es muy sencillo. Cada vez que usted comparte con otros, usted duplica sus esfuerzos y lo que usted logra dependerá de esta duplicación. Usted está organizando una red de personas que están generando ingresos adicionales para realizar sus sueños.

- Es lo que el autor del "best-seller" Padre Rico, Padre Pobre-Robert Kiyosaki, considera la Redes de Mercadeo como el negocio perfecto del siglo XXI.

- Es una mega tendencia económica de más de $186 Billones a nivel mundial, con más de 128 Millones de hombres y mujeres desarrollando redes en este momento.

- ¿Qué es lo que hacemos en redes de mercadeo?
  - Generamos ingresos por construir una red de personas

- ¿Cómo lo hacemos?
  - Conectamos las personas a una plataforma ya prestablecida. Cuando los miembros de la comunidad compran o consumen, generan ingreso. Esto es un ganar-ganar para todos ya que la plataforma nos paga por conectar personas a que consuman productos de esta.

XII. Beneficios de un empresario en redes

- La oportunidad de tener un negocio portátil que lo puedes desarrollar de cualquier lugar e inclusive desde la tranquilidad de tu hogar.

- De alcance global y puedes comenzar con una mínima inversión.

- Un negocio resistente a los cambios económicos de esta nueva economía. Con una mayor seguridad y estabilidad de la que ofrecen los empleos o los negocios tradicionales.

- Donde tendrás el apoyo de un equipo de expertos en la industria de las Redes de Mercadeo con más de 20 años de experiencia. Social Economic Networkers y un sistema para aprender como construir una red de distribución exitosa.

- Un proyecto de negocio con una gran cantidad de valores agregados como poder crecer personalmente, prosperar económicamente y vivir experiencias que agregan un sentir de disfrute de la vida.

XIII. Las plataformas de la nueva economía

Pregunta de Conciencia
- ¿Te imaginas aprovechar los nuevos modelos económicos para crear una nueva fuente de ingresos para ti y tu familia?

- Mencione que lo que va a compartir es la oportunidad de ser parte de una plataforma ya establecida. Donde ellos ponen la producción de productos, servicios de envío y entrega, garantía de los productos, los empleados y los almacenes. Tu recibes los beneficios de ingreso por compartir productos con las personas y los beneficios de comprar directamente a la plataforma.

XIV. Las plataformas de la nueva economía

Las Plataformas de la Nueva Economía

- Esta plataforma que nosotros utilizamos es una marca reconocida que nos permite participar de un negocio de alcance global. Que, a través de la interconectividad por redes, la tecnología, aplicaciones y el comercio electrónico, podemos crear un gran proyecto de negocio desde cualquier lugar e inclusive desde nuestro hogar.

XVI. La plataforma que nos respalda

La plataforma que nos respalda: 4Life

- Es momento de edificar la compañía que nos respalda.

Comencemos por la edificación de nuestros fundadores David y Bianca Lisonbee. La edificación es un paso fundamental para crear la imagen, la seguridad y la confianza en la mente de nuestros invitados; de que estamos con las personas y la compañía correcta para hacer nuestros sueños realidad. Usted tiene que vibrar de emoción, sentirse entusiasmado y agradecido por la oportunidad que David, Bianca y 4Life le han brindado a su familia. Danny Lee es el genio creativo y administrador que ha logrado unir un equipo de excelencia a nivel mundial que ha ayudado a posicionar la compañía en las primeras 100 del mundo.

- Resalte los reconocimientos que 4Life ha recibido a través de los años. 4Life es una compañía de alcance mundial con oficinas en muchos países. Compañía con más de dos décadas de experiencia y bases económicas firmes para crear verdaderos ingresos residuales.

- Además de esto, 4Life:
  - Está certificada por la NSF por sus buenas prácticas de manufactura. En el 2017 Global Health Product (GHP) le otorgó el premio como el Mejor Proveedor de Suplementos de Salud en los Estados Unidos.

- 4 Life se le conoce mundialmente como la compañía del sistema inmunológico.

XVI. 4LIFE

Productos orientados a la **Mega tendencia** del Bienestar

Productos exclusivos, patentados con **respaldo científico e investigación**

25 años de trayectoria con oficinas a **nivel mundial**

4Life

- 4Life nos da una mayor opción de consumo de productos, ya que participa de 4 mega tendencias billonarias.
  - Salud y Nutrición, Control de Peso, Antienvejecimiento y Cuido Personal
- Conviértase en el mejor promotor de sus productos. La mejor forma es con testimonios de los beneficios recibidos.
- Productos de alta biotecnología.
- 4Life tiene un equipo de científicos que está constantemente innovando y creando nuevas fórmulas. Tiene sus propios laboratorios y fábricas de manufactura.
- Los productos están en el PDR, libro de referencia de los médicos de Estados Unidos (esto da estatus y credibilidad).
- 4Life tiene las patentes de uno de los descubrimientos más importantes en la historia; Factores de Transferencia.
- Pregunte a la persona: ¿Qué precio le pone a su salud?
- Cuéntele la satisfacción que usted tiene con los productos (hágalo duplicable).
- Puede contar y resaltar los beneficios de algunos de nuestros productos.
- Hable en términos generales de algunos productos claves, sin dar detalles para despertar el interés en la persona (Transfer Factor, Renuvo, Gold Factor...)

XVII. Salud y nutrición

- Resaltar Transfer Factor, RioVida y productos Target

XVIII. Control de peso

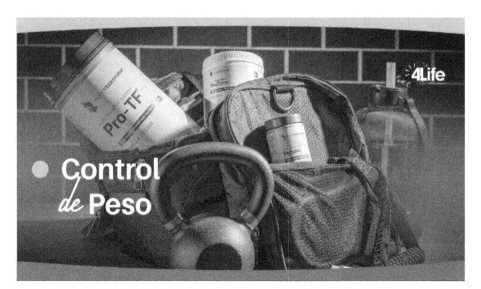

- Resaltar Línea Transform

XIX. Antienvejecimiento

- Resaltar Gold Factor, Renuvo y Akwa

XX. Cuidado personal

- Resaltar línea Akwa, Shampoo, Jabón, Crema, Pasta Dental, etc...

XXI. Ganar dinero es fácil, simple y divertido

- Nuestra empresa tiene uno de los planes de compensación más generosos de las industrias de las Redes de Mercadeo.

- 4Life regresa un 64% de los ingresos que genera la fábrica a sus Asociados. Es el % más alto de la industria de las Redes de Mercadeo que una fábrica regresa a sus asociados.

- Es por esto que decimos que ¡4Life da Más!

- Nuestra empresa ofrece a sus asociados diferentes formas para generar ingresos.

- Inicialmente tenemos 8 formas de generar ingresos rápido.

- ¿Le interesaría generar un ingreso rápido de $600, $700 o hasta $900 extra? *Esta pregunta es importante para que el candidato despierte el interés de escuchar con atención las formas de generar ingreso rápido.

- Veamos las formas de generar ingreso rápido.

XXII. Ingreso rápido

- Mencione en forma general las 8 formas de ingreso rápido.
- Luego cuéntele, de manera general, las diferentes formas de ganar dinero.

XXIII. Ingreso rápido

- Crédito de 15% para canjear en productos gratis.
- Recibes el producto gratis del mes con la compra de 125LP o más.

- El Programa de Lealtad nos abre la puerta para participar de un Bono Especial para generar ingreso rápido (Bono Constructor).

XXIV. Bono constructor

- Explique cómo se puede ganar las 3 fases del Bono Constructor

- 1ra Fase: En esta Fase participa la posición de Builder. Se requiere que usted y un mínimo de tres personas personalmente inscritas estén registradas en el programa de lealtad con un mínimo de 100 LP y que el volumen de usted con sus frontales sea mayor que 600 LP. Si cumple con estos requisitos su Bono será de $50 mes tras mes.

- 2da Fase: En esta Fase participan las posiciones de Builder y Diamante. Ayude a sus tres frontales a hacer lo mismo y así serían nueve personas en su segundo nivel registradas en el programa de lealtad con un mínimo de 100LP. Si cumple con estos requisitos recibirá $200 mes tras mes.

- 3ra Fase: En esta Fase participan todas las posiciones de 4Life siempre y cuando mantenga la calificación de su rango más alto alcanzado. Ayudamos a los nueves del segundo nivel a que cada uno traiga sus tres y así serían 27 personas en su tercer nivel registradas en el programa de lealtad con un mínimo de 100 LP, Si cumple con estos requisitos recibirá $800 mes tras mes.

XXV. Bonos rápidos

- 4life nos ofrece uno de los Bonos más fascinante de la industria de la Redes de Mercadeo (Rapid Reward) el cual es pagado al día siguiente.

- Usted gana un 25% de la primera compra de todos los que usted personalmente registre

- Gana el 12% de la primera compra de todos los que entren en su segundo nivel

- Gana un 5% de la primera compra de todos los que entren en su tercer nivel

- Para un total de 42%. Una forma fascinante de ganar dinero rápido

- Veamos el siguiente ejemplo:
  - Si usted inscribe 2 personas que su primera compra acumulan 600LP, usted ganará el 25% para un total de $150
  - Si en su segundo nivel entraran de 5-6 personas nuevas y entre todos, en su primera compra acumulan 1,400LP, usted ganará un 12% para un total de $168
  - Si en su tercer nivel entran de 7-8 nuevas y en su primera compra acumulan 2,500LP, usted ganará un 5%, para un total de $125
  - Si sumamos todos, el total seria $443. Nada mal para empezar.

XXVI. Go 2 bonus

- Gana una bonificación por cada dos Paquetes Esenciales vendidos.

- Paquete Esencial Personal 200LP para un bono de $25

- Paquete Esencial Completo 400LP para un bono de $50

- Paquete Esencial Profesional 800LP para un bono de $100

- Para cada dos nuevos o existentes clientes – que compran

un Paquete Esencial en un mes en dos piernas separadas, el Matriculador calificará para el Go 2 Bono mensual.

XXVII. Mi Tienda

- ¡Gana 25% - cada vez que compartes!

- Ya sea que desee compartir productos o registrar un nuevo Cliente Preferente, Mi Tienda es su negocio de comercio electrónico personal.

- ¡Con Mi Tienda, hacemos que el comercio electrónico sea fácil para TI! No es necesario que diseñe un sitio web, procese tarjetas de crédito, lleve un inventario o tenga un equipo de atención al cliente.

- Nos encargamos en esos detalles por ti para que puedas concentrarte en compartir productos y ganar con 4Life.

- Es fácil de usar, la puedes personalizar y es 100% gratis.

- Ganas un bono de Mi Tienda del 25% en cada LP que se mueve a través de su sitio. ¡Con 10 clientes repetidos o más en Mi Tienda, realmente puede ganar un buen ingreso adicional!
- Además, tu cliente recibe el beneficio de tu descuento de un

25%.

- ¿Entonces, Qué esperas? ¡Comienza a compartir hoy!

- Digamos, por ejemplo:
  - 10 clientes repetitivos compran en tu tienda virtual 500 LP. Ganarías un 25% para un total de $125 al otro día.

XXIII. Descuento por volumen

- Descuento Instantáneo Mientras más compras, más ahorras.

- Consumidores Preferentes y Afiliados reciben un descuento instantáneo de 25% al finalizar su compra.

- La compra en todo volumen personal superior a los 100LP.

- ¡Obtén grandes ahorros en los productos que consumes!

- Digamos, por ejemplo:
  - Que tu consumo personal son 600 LP. El excedente de tus 100 LP personales son 500 LP al 25%, tendrías un descuento de $125 en tu compra.

XXIX. Precio mayorista

- Reventa de Productos
- Compra productos al precio fábrica y venderlos al precio de clientes, qué puede ser un 25% o más.
- Sí, eso es correcto. ¡Queremos pagarte aún más!
- Por ejemplo:
- Compraste $200 y los vendes a $260, ganarías $60

XXX. Saquemos cuenta

- Si sumamos todas las ganancias obtenidas en los ejemplos anteriores, ganarías $978.
- Nada mal para alguien que está empezando.

XXXI. Bono por niveles

Le vamos a expresar cómo las personas a través de compartir el

negocio y seguir consumiendo mes tras mes van pasando a una serie de bonos residuales que van a ir creciendo a través de los años y que puede llegar a convertirse en la principal fuente de ingreso de la familia.

Pregunte

- ¿Cree usted que pueda encontrar 4, 5, o 6 personas que estén buscando una alternativa financiera; un extra de ingreso para ellos y su familia?
- Explique la gráfica de los niveles de pago sin complicarlo con la explicación de los porcientos. Solo diga la cantidad de personas y poner como ejemplo: Si 6 personas entre su consumo personal y sus clientes en su tienda Virtual consumieran 250 puntos, su ganancia de $30.
- ¿Qué pasaría si a estas 6 personas le ayudamos a cada uno busque seis? Serian 36 personas a 250LP, la ganancia sería un total de $1,170 más los $30 de los primeros 6, serian $1,200.

- ¿Usted cree que $1,200 ayudarían en algo a la seguridad económica de la familia? Esta pregunta ayuda al candidato a reflexionar.
- Al final le dice que la compañía 4Life tiene muchos bonos más. Pero que me gustaría compartirle uno adicional que se que a muchas personas le fascina. ¡Gran Escape!

XXXII. Gran Escape

- ¿Te gustaría viajar con todos los gastos pagos para usted y su pareja?

- El Gran escape es una forma de 4life compensarnos con viajes exóticos y de ensueño alrededor del mundo.

- ¿A dónde le gustaría viajar?

XXXIII. El Sistema

- En Social Economic Networkers, nuestra prioridad son las personas.

- Social Economic Networkers es un equipo de más de 2 décadas de historia, que está en más de 100 países alrededor del mundo. Este equipo ha desarrollado un sistema educativo que entrelaza una serie de pasos para dar el conocimiento que las personas necesitan para tener un negocio exitoso en redes de mercadeo. Si la persona tiene el deseo y la disposición, el equipo lo va a ayudar, apoyar y el sistema educativo lo va a capacitar para que pueda ser parte de la nueva generación de Empresarios del Siglo XXI.

- Aproveche para edificar el Sistema, el equipo y su línea de auspicio. Edifique sus líderes para que la persona pueda crear una imagen mental de las personas que lo van a ayudar.

XXXIV. Opciones para comenzar

Le dice:

¿Cómo usted puede iniciar su propio negocio? Tiene tres opciones. Puede decidir ser:

- Desarrollador: Es una persona que decide ser un empresario, vivir de regalías residuales y que está dispuesto a aprender nuestro sistema educativo para construir una red de distribución.

- Distribuidor: Es la persona que vende productos a través de su tienda virtual o personalmente para generar ingreso inmediatamente.

- Consumidor: Utiliza los productos para él o ella y para su familia.

XXXV. Como empezar a generar ingresos

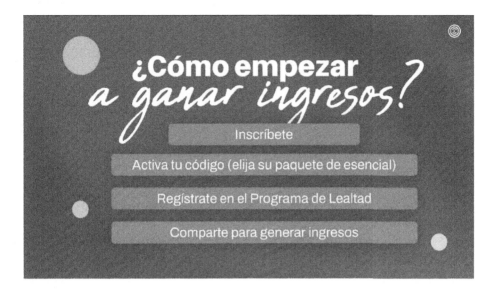

- Inscríbete.
- Activa tu código.
- Elije tu Paquete Esencial.
- Regístrate en el Programa de Lealtad.
- Comparte la Oportunidad.

El modelo del Plan presentado anteriormente es la versión larga. La hemos puesto en la Guía con el propósito de orientar a nuestro nuevo asociado en los conceptos que debe conocer cuando presentamos la oportunidad. Esto no requiere que tenga que presentar todos los conceptos que están en el modelo largo. Para esto hemos diseñado un modelo corto de la Presentación de la Oportunidad que cubre los conceptos más importantes que tenemos que tener presentes a la hora de compartir la Oportunidad. Este modelo corto hace que la presentación sea simple y más comprensible por el candidato.

La presentación de negocio o Modelo del Plan se puede dividir en puntos principales.

Historia Personal

El comenzar el plan con nuestra historia personal es de gran importancia, ya que permite que las personas que estén escuchando se relacionen con nosotros. Cuando usted cuenta su historia, las personas son más receptivas ya que usted no está tratando de convencerlos, sino que les está contando lo que le ocurrió.

Al hablar en historias, permite que se pueda relacionar emocionalmente con el público, esto facilita la entrada del prospecto al negocio ya que la mayor parte de las decisiones que se toman en estos negocios son decisiones emocionales, las cuales se justifican lógicamente a través de ir pasando por el proceso de desarrollo del negocio. Escriba su historia y practíquela. ¿Cómo se sentía a nivel laboral y emocional antes de esta oportunidad? ¿Cómo llega esta oportunidad a su vida y como su relación con SEN y las personas del equipo lo ha transformado?

¿Quiénes somos?

Somos un movimiento socio económico comprometidos con el cambio y la transformación de las personas. La trascendencia personal y el poder dejar un legado a futuras generaciones es uno de los factores más importantes para la vida de un ser humano. Cuando expresamos a las personas que somos parte de un equipo que está haciendo una diferencia en la vida de los demás, le estamos dando un sentido de significado y propósito a lo que hacemos en SEN. Las personas quieren ser parte de algo que sea más grande que ellos mismos, algo en lo cual ellos puedan contribuir. Al saber que a través de ser parte del equipo SEN podemos contribuir en cambiar el estilo de vida de las familias es un punto determinante para que muchas personas quieran ser parte de Nuestra Misión. Cuando la organización convierta en cultura la Visión y la Misión de SEN, alcanzaremos millones de personas que quieren ser parte del legado que dejaremos a la humanidad. Una vez que hemos compartido nuestra historia, el propósito que nos une como equipo, ya el prospecto está preparado para recibir la oportunidad.

¿Qué harías con tiempo dinero y salud?

Esta pregunta de conciencia la realizamos para poner a pensar el candidato en sus sueños y como estos se pueden hacer realidad a través de hacer un cambio a una nueva forma de generar ingresos.

Las formas de Generar Ingreso han cambiado

Este punto es para crear conciencia en el prospecto de los cambios socioeconómicos que han ocurrido a través de los años; que lo que vamos a compartir con él es como se puede aprovechar las oportunidades que se presentan en esta nueva economía.

¿Si en esta presentación que va a escuchar el día de hoy usted pudiera ver que sin dejar lo que está haciendo pudiera generar un ingreso igual o mayor al que tiene actualmente le interesaría saber más sobre la oportunidad?

Estas preguntas de conciencia son para poner a reflexionar al prospecto y lo hace más receptivo a escuchar la presentación. Es como preparar el terreno mental del prospecto para poder sembrar la semilla de la oportunidad.

Hay dos formas de generar ingresos principales, ser empleado o ser empresario

Ser empleado: Trabajar por 40-50 años de su vida con un horario fijo de 8-12 horas diarias para un ingreso limitado, donde usted sacrifica tiempo por dinero. Ser empresario: Tomar control de su vida para que jamás tenga que depender de un jefe donde usted puede crear un ingreso ilimitado creando un estilo de vida con libertad.

La alternativa para este tiempo: Las redes de mercadeo

Defina lo que son redes de mercadeo y establezca lo que es la comercialización tradicional vs las redes de mercadeo. Explique los beneficios generales que nos ofrecen las redes de mercadeo terminando con los ingresos residuales Compare el ingreso lineal con el ingreso residual para que su invitado pueda concluir que ingreso prefiere. Resalte que en el Modelo de Distribución en redes de mercadeo no tenemos intermediarios y que este dinero en el modelo de redes se nos paga en comisiones por desarrollar la red de distribución a la fábrica lo cual puede llegar hasta un 64%. Debe resaltar todos los beneficios que nos ofrecen las redes de mercadeo. El prospecto ya en este punto quiere saber cómo él se beneficia de todo esto, compare además, el ingreso lineal con el ingreso residual como uno de los mayores beneficios en estos tipos de negocios, como el ingreso residual puede proveer un mayor grado de libertad,

La plataforma que nos respalda

Es momento de edificar la compañía que nos respalda. Comencemos por la edificación de nuestros fundadores David y Bianca Lisonbee.

La edificación es un paso fundamental para crear la imagen, la seguridad y la confianza en la mente de nuestros invitados; de que estamos con las personas y la compañía correcta para hacer nuestros sueños realidad. Usted tiene que vibrar de emoción, sentirse entusiasmado y agradecido por la oportunidad que David, Bianca y 4Life le han brindado a su familia. Resalte los reconocimientos que 4Life ha recibido a través de los años. 4Life es una compañía de alcance mundial con oficinas en muchos países. Compañía con dos décadas de experiencia y bases económicas firmes para crear verdaderos ingresos residuales.

Resalte:

 4Life tiene su propia fábrica

 Reconocimientos

 Expansión mundial

 Mega tendencia del bienestar

 Certificaciones y patentes

 Los productos están en el PDR, libro de refencia de los médicos en Estados Unidos

Mega tendencia del bienestar y la salud

Mencione que todos y cada uno de los productos que 4Life elabora están dentro de una mega tendencia trillonaria conocida como la mega tendencia del bienestar. Explique que esta es una de las tendencias económicas de mayor crecimiento en el mundo. Adicionalmente, 4Life es una compañía con sus propios laboratorios y un equipo de científicos que mantienen constantemente la innovación y evolución de sus productos desarrollando las fórmulas más avanzadas de la mega tendencia del bienestar. Más que hablar de un producto, resalte la tecnología en los productos de 4Life Transfer Factor que es lo que nos hace únicos y exclusivos en el mercado. Productos patentados, con una gran cantidad de productos disponibles para su bienestar. Productos para el antienvejecimiento, productos para la energía y vitalidad,

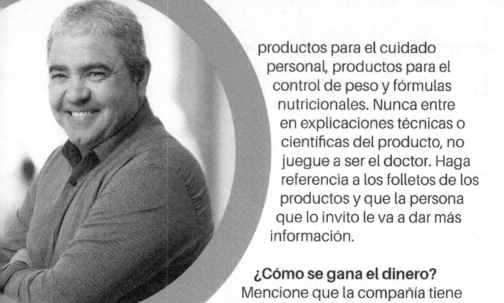

productos para el cuidado personal, productos para el control de peso y fórmulas nutricionales. Nunca entre en explicaciones técnicas o científicas del producto, no juegue a ser el doctor. Haga referencia a los folletos de los productos y que la persona que lo invito le va a dar más información.

¿Cómo se gana el dinero?

Mencione que la compañía tiene diferentes formas de ganar dinero y que usted va a explicar solo dos a tres de ellas, pero que la persona que lo invitó le puede dar más información. Explique que al final, para los que tengan interés en ver las diferentes formas de pago, tenemos una información del plan de compensación de 4Life (Video "Las 8 Maneras de Generar Ingreso") en el que se explican los detalles. Cuando esté explicando el plan de compensación, en vez de hablar del dinero que se puede ganar, dé énfasis al potencial del plan para que los sueños se puedan hacer realidad. Además, enfatice el poder de la duplicación para obtener ingresos residuales a través del plan. Cuéntele además de los maravillosos viajes que 4Life nos ofrece para irnos de vacaciones a través del Gran Escape.

¿Quién me apoya? ¿Cómo obtengo el conocimiento?

Es el momento de crear la seguridad y la confianza en su invitado de que no va a estar solo, que va a estar respaldado por un equipo de profesionales en la industria de las redes de mercadeo, Social Economic Networkers, que este equipo lo va a apoyar y lo va a guiar a que sus sueños se hagan realidad. Es el momento de contar lo agradecido que usted está al equipo, como su vida está siendo transformada gracias a su relación con Social Economic Networkers y como este equipo está haciendo la diferencia en la vida de cientos de miles de personas alrededor del mundo. Edifique al fundador, Dr. Herminio Nevárez, edifique su línea de auspicio, edifique como el sistema educativo lo está llevando a crecer, a ser una persona de contribución social y como le ha dado la opción de ir en persecución de sus sueños. Hable con energía, entusiasmo y con todo su ser para que pueda transferir la visión a sus invitados de lo que SEN, el sistema educativo y la línea de auspicio pueden hacer para ayudarlos a que sus sueños se hagan realidad.

Opciones para empezar su negocio

El invitado tiene que entender que hacer este negocio es muy simple. Tan simple como llenar el contrato, adquirir su paquete empresarial, consumir mensualmente y compartir esta oportunidad con otros; indicando que nuestro plan de incentivos tiene muchas formas de generar ingresos. Ofrézcale las tres opciones al prospecto: desarrollador, distribuidor o consumidor. Deje que él le comente que es lo que desea y en base a esto usted lo puede guiar a tomar la decisión que él elija. Para tener un marco de referencia de lo que el candidato desea pregúntele: ¿qué fue lo que más le llamó la atención de la presentación que acaba de escuchar? No trate de convencerlo ni presionarlo, deja que sea el candidato que elija. Un consumidor o distribuidor puede darle buenos referidos y más adelante es posible que decida por la opción de desarrollador.

¿Qué esperas para hacer realidad tus sueños? Con tiempo, dinero y salud... ¡No existen los límites!

Ya en este momento usted le ha contado a su candidato la razón por la cual está haciendo este negocio. Como la oportunidad de pertenecer al equipo SEN y a 4Life está transformando su vida. Ya usted le ha contado que es la industria de redes de mercadeo y sus beneficios; porque 4Life es una oportunidad única dentro de esta industria y como se generan los ingresos a través de su revolucionario sistema de pago. Ya su candidato sabe que hay un equipo llamado Social Economic Networkers que lo va a apoyar y un sistema educativo que le va a enseñar a desarrollar una Red. Ahora es el momento de ponerlo a soñar, que su candidato pueda ver las posibilidades de hacer sus sueños una realidad si toma la decisión de comenzar en la oportunidad. Esto se logra a través de una serie de preguntas que abarquen diferentes sueños. Estas preguntas serán contestadas en la mente de nuestros invitados y así ellos se pueden identificar con uno o más sueños que lo motivan. Entrelace estas preguntas con el concepto de libertad financiera y de poder tomar control de sus vidas. La pregunta base de esta parte del Modelo del Plan debe ser ¿cómo te sentirías si el tiempo y el dinero dejaran de ser un obstáculo en tu vida? Está comprobado que las dos prioridades del ser humano actualmente son el tiempo y el dinero.

> ¿Cómo se sentiría tomar una decisión que le conduzca a usted y su familia a un mejor estilo de vida?
> ¿Cómo se sentiría si el tiempo, el dinero y la salud no fueran un obstáculo para su felicidad?
> ¿Poder viajar con sus seres queridos a ver las maravillas del mundo en que vivimos?
> ¿Vivir en la casa de sus sueños? ¿Manejar el auto de sus sueños?
> ¿Poder contribuir en ayudar a muchas familias a que su vida sea mejor?
> ¿Cómo se sentiría siendo libre? ¿No tener que trabajar para otro? ¿Poder tomar control de su vida porque usted es el creador de su propio ingreso? Eso es libertad; ¿qué estás dispuesto a hacer para lograrla?

Bienvenidos al cambio socioeconómico
Lo invitamos a ser parte de Social Economic Networkers organización que está provocando un cambio socioeconómico en el mundo.

Errores comunes en la Presentación del Plan

Hay una serie de errores comunes que perjudican la presentación de la oportunidad y que reducen las posibilidades de que nuestros invitados tomen la decisión de entrar.

1. Las personas cambian el Modelo del Plan haciendo presentaciones muy elaboradas y difíciles de entender. Manténgala simple, sencilla y duplicable para que nuestros invitados la puedan entender y nuestros asociados la puedan duplicar.
2. No se debe alargar el tiempo de presentación. Esta debe durar 35 a 40 minutos máximo. Por lo general, se alarga cuando nos salimos del modelo o cuando estamos tratando de convencer a nuestros invitados con muchos argumentos lógicos.
3. Nunca mencione temas de religión, política, raza, chistes de doble sentido y de mal gusto. Esta oportunidad es para todo el mundo, así que respete las creencias de cada persona.
4. No presente talleres y seminarios como parte del plan. El plan es para nuestros invitados.
5. Nunca hable despectivamente de los jefes, empleados, doctores, profesionales, entre otros. Recuerde que a nuestras presentaciones vienen personas de todos los niveles sociales, económicos y educativos. No excluya a nadie a través de comentarios que pueden hacer sentir mal a un individuo. Limítese a presentar la oportunidad a todos por igual, ya que muchas de estas personas llegan a ser sus futuros líderes.
6. El tono de voz debe ser moderado de acuerdo con la cantidad de invitados. Un tono de voz exagerado o muy pobre puede cambiar el mensaje. Debe ser consciente que le estamos presentando la oportunidad a invitados, no es una actividad de socios.
7. No presente la oportunidad sin haberla practicado y estudiado. Practique la presentación para que adquiera confianza y seguridad. Practique todos los días.
8. Ser consciente de la importancia de nuestra actitud en la presentación. Tenga una actitud optimista, entusiasta y apasionada cuando presente la oportunidad. Esto es lo que hace que la presentación cobre vida y es más efectivo que las palabras.

9. No aclare dudas o preguntas durante la presentación. Diga a las personas que, si tienen alguna duda o pregunta usted está en la mejor disposición de aclararlas al final de la presentación, no las aclares colectivamente. Al final aborde a cada invitado independientemente. Identifique los interesados.

La presentación de la oportunidad es uno de los puntos culminantes después de haber movido nuestros invitados. Es importante tener en consideración detalles que puedan ser perjudiciales en que ese invitado tome la decisión de aceptar la oportunidad. Le recomendamos utilizar el modelo corto de la presentación del Plan. Eso hace más simple el plan y que se duplique con más facilidad (http//sen.team/sen-herramientas/). El modelo largo de la presentación se utiliza más para fines educativos para que el nuevo asociado aprenda los conceptos que necesita conocer de la presentación.

FASE 2

Logística

8 Pasos para crear una red

La estrategia de 8 pasos para desarrollar la red le proporciona una excelente maquinaria para desarrollar su empresa. Esta es una manera dinámica, firme y eficiente de desarrollar y mantener el impulso que necesita para crear una enorme red en poco tiempo. Comience esta estrategia desde su primer día en el negocio y está la proveerá una guía para los próximos 2 a 4 años, que darán como resultado la formación de una red de desarrolladores dinámicos, motivados y con buen liderazgo. Si usted se enfoca en mover gente, puede generar números en su negocio. Recuerde que la gente mueve el producto, el producto no mueve la gente.

Estos 8 pasos serán los cimientos claves para poder construir la red. Es como cuando se va a construir un edificio: los cimientos, las columnas y las vigas son determinantes en su construcción. Así serán estos 8 pasos, le permitirán construir una red sólida, estable, productiva y enorme. Esta estrategia le enseñará: cuantas personas debe inscribir el primer mes, como identificar los líderes, con cuantos líderes debe trabajar a la vez, cuanto tiempo le dedica a cada líder, hasta cuando trabajar con esos líderes, cuando puede disminuir el número de días que le dedica o cuando añadir otro líder.

Cuando usted trabaja con demasiadas personas no los puede atender y desarrollar a todos. Si uno quiere desarrollar organizaciones grandes tiene que trabajar con pocas personas a la vez, al contrario de lo que normalmente se piensa. ¿Por qué? Porque toda organización grande comenzó con una persona que tuvo la visión y dos o tres que creyeron en esa visión, se entrenaron y capacitaron y estos capacitaron a otros. Cuando ya hay muchas personas enseñando a otros, el crecimiento es el proceso de duplicación. Su negocio no comenzó superficialmente con muchos miembros, empezó con pocos y profundamente. Uno puede patrocinar 10 personas pero no todos van a ser líderes. Hay que tener un proceso rápido de identificación de esos líderes y a través de esta guía usted lo aprenderá. Entre más rápido identifique líderes más rápido su organización comenzará a crecer.

1. Desarrolle relaciones sólidas

La duplicación está asociada directamente en la medida en que se fortalece la relación entre el patrocinador y el distribuidor. Esta relación es fortalecida a través de expresar, vivir y ser los valores. Trate a sus distribuidores como miembros de una gran familia, enfóquese en sus sentimientos, levántele la moral, demuestre interés por lo que son y no por lo que puede obtener de ellos. Cree confianza mediante la integridad, edifíquelos, esto creará seguridad y credibilidad en ellos. Descubra los sueños de sus distribuidores. El compartir sueños es una manera perfecta de fomentar los lazos de amistad. Usted se encontrará con el deseo de hacer realidad los sueños de otros, así como los suyos propios.

Cuando otra persona siente que usted está promoviendo los sueños de él o de ella, así como los suyos, nace una relación permanente. Trate a sus prospectos y distribuidores de su "downline" como amigos. Promueva los intereses de ellos. Esté presente si ellos lo necesitan, anímelos cuando tropiezan y elógielos cuando triunfan. Comparta la felicidad de ellos y ofrezca consuelo cuando las cosas no salgan bien. Al aceptar los valores y promover los lazos de amistad en su red, usted eliminará muchos de los problemas que otras redes afrontan.

2. Patrocine de 15 a 20 personas

El paso dos es dinámico. Para algunos este será el obstáculo más grande que tendrá que vencer. El patrocinio de 15 a 20 distribuidores es esencial si usted quiere empezar con fuerza. Recuerde que el impulso, una vez en movimiento, será cada vez más fácil de mantener. El paso dos es decisivo, porque es el que da el impulso. ¡Imagínese lo rápido que pude crecer una red si cada distribuidor nuevo logra el paso dos durante el primer mes de negocio! Ese tipo de crecimiento exponencial es imprescindible para el éxito. Para poder lograr este segundo paso va a comenzar haciendo una lista grande y luego presentar la oportunidad a estas personas.

La frontalidad produce rentabilidad (dinero rápido), esto te da un número de gente con la cual puede trabajar para identificar líderes. Va a tener tres categorías de personas en el negocio:

Los que quieren hacerlo ahora mismo.
Los más lentos y que van a su paso.
Los que van a sentarse a ver qué pasa y se retiran del negocio.

La razón por la cual pone frontalidad a su negocio es por rentabilidad. Para tener personas en las tres categorías, debe existir frontalidad y profundidad. No puede tener una sin la otra. Es como respirar. Usted inhala y exhala, si no lo hace, muere. Debe tener ambas cosas para que su negocio no muera.

3. Identifique y patrocine tres líderes

Durante las reuniones con sus distribuidores, usted identificará personas que comparten su deseo de desarrollar una red grande y estable. Si usted ha formado "amplitud", según el paso número dos, podrá encontrar por lo menos tres líderes buenos. Cuando encuentre esas personas que lo quieren hacer ahora mismo, con esos se va a dedicar a trabajar. Hábleles acerca del concepto del desarrollador y el deseo que usted tiene para trabajar con ellos y ayudarles a construir la red. De todas las personas inscritas personalmente, identifique tres líderes y construya profundidad bajo ellos. Luego coordine sus actividades con esos líderes para presentar la oportunidad, reuniones del SEN Team y seminarios.

4. Desarrolle a los cuatro líderes identificados y establezca el modelo con ellos

Trabaje con estos líderes para que logren el nivel de Diamante/Elite, Presidencial/Elite y Bronce. ¿Por qué Bronce? Porque es aquí que la mayoría de los líderes pueden dedicarse 100% al negocio, ya que en esta posición su ingreso promedio podría estar sobre los $70,000 al año.

5. Agregue un nuevo líder

Continúe inscribiendo 1 a 2 nuevos distribuidores por mes, hasta encontrar un quinto líder para que forme parte de su equipo. Dedíquese a trabajar con el nuevo líder identificado. Pase una noche por semana con sus líderes establecidos. Continúe trabajando con sus líderes hasta que por lo menos 3 de los 5 lleguen a Bronce con un volumen total entre todos de 250,000LP. Es aquí donde usted logrará la posición de Oro.

6. Ascienda a platino

Continúe trabajando con sus Bronces para llevarlos a Bronce Elite, luego a Plata/Elite hasta que tres de sus principales líderes lleguen a Oro y con un volumen organizacional entre todos de 1 millón LP o más. ¡Usted habrá llegado a Platino!

7. Continúe trabajando la profundidad

Identifique los futuros Presidenciales y Bronces en la profundidad y trabaje directamente con ellos para crear grandes volúmenes en su negocio.

ASCENSO A ORO

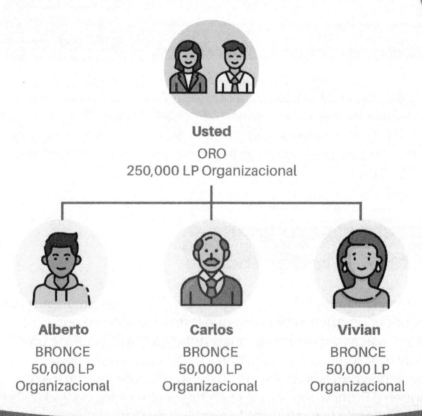

Usted
ORO
250,000 LP Organizacional

Alberto
BRONCE
50,000 LP
Organizacional

Carlos
BRONCE
50,000 LP
Organizacional

Vivian
BRONCE
50,000 LP
Organizacional

8. Duplique estos 8 PASOS

1. "Mi compromiso con usted es ayudarle a llegar a Diamante Elite. Su compromiso conmigo es que vamos a hacer una lista de prospectos juntos".
2. "Trabajamos su lista para ayudarles a auspiciar de 3 a 4 distribuidores".
3. "Luego usted me va a observar trabajando con esos 3 ó 4 distribuidores para que aprenda como se hace".
4. "De estos 3 a 4 auspiciados vamos a escoger el mejor para trabajarlo y sacarle profundidad. Vamos a escoger el mejor porque esta va a ser su escuela de aprendizaje y quiero que aprenda rápido. Para lograr esto tenemos que trabajar con alguien que lo quiera hacer ahora, para que usted vea como se hace".
5. Repetimos este proceso nuevamente con el mejor líder seleccionado y vamos bajando en profundidad. Luego usted hace el compromiso y le dice lo mismo. "Le voy a ayudar a auspiciar 3 a 4 distribuidores..."
6. Vivian va a establecer el mismo modelo que usted le enseño. Vivian va a trabajar cada pierna de uno a dos días por semana todas las semanas. Si usted trabaja de uno a dos días por semana la pierna modelo de Vivian, ella va a tener más tiempo para dedicarse a sus piernas 2, 3 y 4. Vivian y usted se comunican todos los días para saber cómo le fue en las otras piernas que está desarrollando. Esta comunicación constante permite hacer evaluación del trabajo realizado por Vivian y poder corregir los errores para seguir trabajando las piernas de la forma correcta.

Repita estos 6 pasos cuantas veces quiera para construir nuevas organizaciones. Recuerde, no deje nunca de trabajar la profundidad. El tamaño de su organización dependerá de cuán grande sea su sueño.

Ya usted tiene sus 4 líderes frontales identificados y va a desarrollar una Pata Modelo con cada uno. Veamos por ejemplo como sería la pierna modelo de Vivian:

Modelo Repetitivo

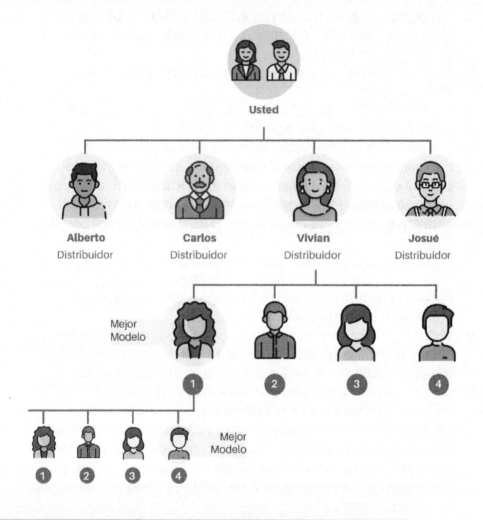

Usted

Alberto — Distribuidor
Carlos — Distribuidor
Vivian — Distribuidor
Josué — Distribuidor

Mejor Modelo

1 2 3 4

Mejor Modelo

1 2 3 4

¿Cómo llegar a Diamante Elite en 4 meses?

Multiplicación organizacional

Cuando convertimos en cultura el poder auspiciar 3 nuevas personas o más a la red mes tras mes y su organización lo duplica esto provocará crecimiento exponencial en todos los niveles de su organización creando la multiplicación organizacional.

Cómo Multiplicar Diamantes Elite:
La estrategia para crear una unidad de negocio diamante elite de 20 personas

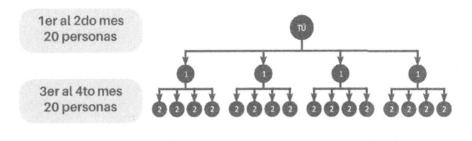

1er al 2do mes
20 personas

3er al 4to mes
20 personas

20 personas x 250LP=5,000LP DIAMANTE ELITE CALIFICADO

Es sumamente importante que en el proceso de usted llegar a Diamante Elite aprenda los fundamentos para que así esté en capacidad de poder identificar 4 líderes, enseñarles y modelarles los fundamentos para que lleguen a Diamante Elite Calificados Duplicados. Duplicados significa que dominan los fundamentos.

En el volumen de 5,000LP del grupo del Diamante Elite, se incluye:

- Cliente Repetitivo
- Consumo Personal
- Los nuevos auspiciados con Paquete de Inicio de 800LP o 400 LP o 200 LP

¿Qué es un Diamante Elite Calificado-Duplicado?

- Domina los fundamentos del sistema
  - Prospección
  - Lista
  - Invitación
  - Plan
  - Cierre
  - Seguimiento
- Está al 100% conectado al Sistema Educativo
- Asiste a la reunión del SEN Team y lleva invitados
- Promueve y utiliza las herramientas del sistema
- Escucha y promueve el audio de la semana
- Enseña y modela los principios de la guía
- Promueve y asiste las actividades del sistema
- Auspicia un mínimo de 3 por mes
- Consume los productos de su negocio
- Tiene 5 o más clientes repetitivos
- Edifica el sistema, el equipo SEN y su línea de auspicio
- Promueve un comienzo rápido con Paquete de Inicio
- **Presente la oportunidad frecuentemente.**

Modelo para duplicar Diamante Elite

Paso 1: Llegar a Diamante Elite Calificado Duplicado.
Paso 2: Duplicar el modelo en 4 líderes identificados en 4 líneas diferentes.
Paso 3: Crear un plan de acción y agenda de trabajo con los 4 líderes identificados.
Paso 4: Modelar los fundamentos del sistema a cada líder identificado.
- Ciclo del Momentum/Lista/Invitación/Plan/Cierre/Seguimiento
- Edificación (Sistema/Equipo/Línea de Auspicio/Compañía)
- Mover gente a las actividades del sistema
- Compartir, transferir la visión

Paso 5: Trabajar intensamente con cada líder identificado hasta que logre los requisitos de un Diamante Elite.

¿Qué ocurriría si usted duplica 4 Diamantes Elite en 4 líneas diferentes?

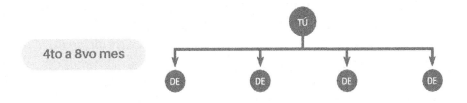

4to a 8vo mes

4 DIAMANTE ELITE x5,000LP=20,000LP

¡Arribó a Presidencial Elite o Bronce!

Paso 6: Ayude a sus 4 Diamantes Elite, en cada línea, a identificar los 4 líderes con quienes vamos a trabajar para ayudarles a llegar a Diamante Elite.

Paso 7: Trabaje intensamente hasta que cada uno de sus Diamantes Elite duplique a 4 Diamantes Elite en la profundidad.

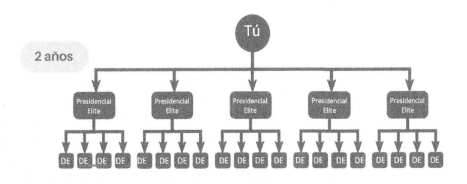

2 años

20 DIAMANTE ELITE x5,000LP=100,000LP

¡Arribó a Plata!

¿Cómo identificar a los líderes?

En un negocio de Red de mercadeo si queremos desarrollar redes sólidas, estables y productivas es de gran importancia aprender a identificar los líderes con los cuales vamos a trabajar para desarrollarlos. Inicialmente seleccione a tres que compartan su compromiso de desarrollar la red. A continuación, enumeramos algunas características que le puedan servir de guía para seleccionar los líderes potenciales.

- Tienen un sueño claro y definido y están dispuesto a trabajar fuerte para lograrlo.
- Su actitud es positiva y entusiasta.
- Presentan frecuentemente la oportunidad de su negocio.
- Utilizan y consumen los productos de su negocio.
- Tienen 5 clientes repetitivos o más.
- Leen libros y escuchan seminarios o talleres que le den la motivación y el crecimiento personal diariamente.
- Asisten a los seminarios, actividades y reuniones del sistema.
- Fomentan el trabajo en equipo.
- Edifican a todos de corazón.
- Son un ejemplo vivo de los valores que son: "Valor del individuo, igualdad, libertad, amor, gratitud, integridad y lealtad."
- Auspiciar nuevas personas mensualmente a la red.

"Un líder no da órdenes, da el *ejemplo*"

FASE 3
Conceptos Avanzados

El ciclo mental de éxito

El ciclo mental del éxito es la llave que desata el poder mental que hace que las ideas se conviertan en realidad. El primer paso es creer en usted y en el negocio, cuando en lo profundo de nuestro corazón creemos en lo que hacemos, las cosas que pensamos comienzan a hacerse realidad. Esta profunda fe interior nos llena de energía y de entusiasmo. El entusiasmo que se genera en nuestro interior se manifiesta en cada expresión del rostro y tono de voz, actuando como una fuerza magnética para atraer a los que nos rodean. Este estado mental positivo que se crea cuando estamos entusiasmados nos inspira y nos estimula a ponernos en acción. Nuestro esfuerzo y trabajo basado en principios y valores correctos producirán los resultados sobre el proyecto en el cual creemos y en la medida que se produzcan estos resultados será la medida en que volvemos a creer para iniciar nuevamente el ciclo mental de éxito.

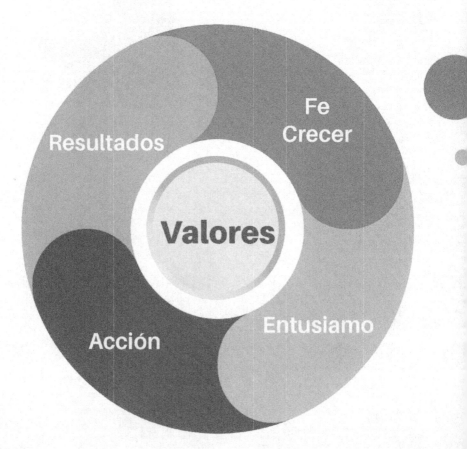

Los valores esenciales

El Sistema Educativo de Social Economic Networkers está respaldado por un poderoso conjunto de creencias que se llaman los Valores Esenciales. Debido a que la comercialización en Redes de Mercadeo es un negocio impulsado por las relaciones, los valores esenciales son un aspecto vital de las relaciones interpersonales. Los Valores Esenciales se basan en los principios de tratar a los demás tal como uno quiere ser tratado: con dignidad, respeto e interés genuino. A nadie le gusta ser presionado antes de tomar una decisión, por más correcta que esta parezca. La presión viola el principio de la libertad. Es por eso, que nuestro Sistema Educativo fue estructurado para que la introducción del prospecto a la oportunidad sea un proceso educativo y no un argumento de venta.

1. **Valor del individuo:** cada persona de su red es un miembro valioso del equipo. Las acciones que usted toma deben subrayar la importancia de cada persona para el éxito del equipo. La Guía está basada en que el individuo como ser humano tiene un valor intrínseco, por ejemplo, puede ser que alguien haya estudiado más que otro o tenga más dinero, pero eso no lo hace que tenga más valor que otro. Es aquí donde SEN hace la diferencia, porque valoramos a las personas no por lo que tienen, sino por lo que son como personas.

2. **Igualdad:** Nuestra oportunidad es para todos. Trate a los recién llegados con el mismo respeto que a los líderes comprobados. Es importante comprender que cada miembro de la organización está al mismo nivel. Todos son empresarios independientes y no empleados.

3. **Libertad:** Como empresario independiente, cada miembro del equipo está en la libertad de actuar o no actuar. Usted los puede ayudar, los puede asesorar, pero no puede obligarlos. Cuando trata de obligarlos o presionarlos, está violando el principio de libertad y por lo general abandonan el negocio. Recuerde que no son sus empleados, son sus socios. Dentro de la red el principio que más promovemos es el de la libertad. Pero no es la libertad que nos da la democracia, porque en

un país democrático todos somos libres. La libertad que promovemos tiene que ser luchada, tiene que ser ganada con su esfuerzo y sus méritos personales. Es la libertad a vivir donde usted quiera, porque tiene el dinero para comprar la casa de sus sueños. Es la libertad de poder enviar a sus hijos a las mejores universidades. Es la libertad de poder viajar cuando quiera porque tiene el tiempo y el dinero para hacerlo. Es la libertad de poder ayudar a alguien que esté en necesidad, porque usted tiene el dinero para hacerlo. Es la libertad de poder contribuir en cambiar la vida de otras personas. Es la libertad de poder explotar al máximo el potencial. Este tipo de libertad se puede alcanzar a través de ser un profesional en la industria de las Redes de Mercadeo.

4. **Amor:** Podemos actuar en beneficio de otros seres humanos. Los lazos de amistad trascienden los vínculos comerciales. Desarrolle relaciones duraderas con las personas que forman parte de su red. El principio del amor es el que más influye en el trabajo en equipo.

5. **Gratitud:** Esto es un sentido de gratitud a tu creador y a la persona que le presentó esta oportunidad, porque su sueño puede convertirse en realidad.

6. **Integridad:** La integridad es una firme adhesión a un estricto código moral. Es la habilidad de ser el mismo en público y en privado, sin dobleces. Alguien sin hipocresía ni dobles. Una persona íntegra es aquella que no es corrupta; es pura, completa y unificada en espíritu, alma y cuerpo. El hombre o la mujer íntegros hacen lo que dicen aun cuando están a solas. La integridad establece la confianza de los seguidores hacia el líder. El líder que tiene una visión clara, coherente y cuya vida se ajusta a un conjunto de valores que inspira a los demás, posee una fuente de poder para influenciar a los demás. En nuestro Sistema Educativo, los distribuidores vamos a ser creativos, es cómo podemos expresar mejor los valores para crear la visión y el deseo. Esa es la única parte dentro del Sistema Educativo donde podemos crear, ya que las demás partes son lógicas y están dadas por escrito. Los valores son lo que hace posible el fortalecimiento de la relación entre el distribuidor y el patrocinador. La relación entre el

patrocinador y el distribuidor va a depender en gran medida de cómo nosotros podemos expresar, pero, más que expresar, vivir y, más que vivir, ser esos valores. Por ejemplo:

Si uno respeta a las demás personas, es porque esa persona tiene un gran valor. Si nosotros respetamos las diferencias, entonces respetamos la libertad de los demás. Mantener una relación bajo esa condición es una expresión de amor. La duplicación está en la relación directa en la medida en que se fortalece la relación entre el patrocinador y el distribuidor. Si yo patrocino a Juan y Juan patrocina a Ángel, en la medida en que se fortalece la relación, se va creando una red permanente.

7. **Lealtad:** La lealtad es sinónimo de nobleza, rectitud, honestidad, entre otros valores morales y éticos que permiten desarrollar fuertes relaciones de amistad en donde se crean vínculos de confianza y respeto entre los individuos.

   Esto establece un compromiso en la red que es de por vida, porque más que un negocio hay una amistad. En la medida que nosotros podamos entender esto, será la medida en que podemos construir la red. Si preguntas: ¿Cuál es el fallo que se ve una y otra vez en el campo? El fallo es no vivir los valores. Nosotros somos los valores. Más que vivirlos, los somos.

Mental: aprender y crear

 Social: amar y ser amado

 Física: salud, albergue, comida y dinero

 Espiritual: dejar un legado.

La necesidad espiritual controla el tiempo de todo ser humano y controla las otras tres (3) necesidades. La necesidad espiritual tiene que ver con perpetuarnos a nosotros mismos, que el mundo sea mejor porque nosotros pasamos por él; que dejamos la huella que vinimos a dejar; que encontramos nuestros caminos hacia la excelencia y que caminamos ese camino día a día. Pero más que eso, ayudamos a otros a hacer lo mismo y por ende, cambiamos la vida de otras personas y dejamos un legado para futuras generaciones.

Es aquí donde Social Economic Networkers hace una gran diferencia con relación a otras organizaciones de Redes de Mercadeo. Estas otras organizaciones le dicen a la gente: "Únete que aquí vas a ganar mucho dinero, vas a tener un carro nuevo, una casa". Si usted le habla a una persona solo de esto ¿Usted cree que eso le atraerá? ¿Sí o No? Por ejemplo: Si le hablamos a un abogado, él ya tiene esto por lo cual no le va a interesar. Aquí se está atacando una de las necesidades que no es la más fuerte del ser humano. Este punto es uno de los principales errores en el campo, donde los distribuidores se concentran en el plan de compensación y los productos; olvidándose de lo más importante que es dejar un legado.

Al contrario, si usted se dirige a una persona que tiene una profesión o es exitosa y le dice: "Social Economic Networkes está haciendo historia, estamos cambiando el mundo. No porque lo cambiamos físicamente, sino porque podemos cambiar la vida de personas que están en necesidad. Nosotros podemos llegar a sitios donde las personas no tienen comida y enseñarle a que ellos mismos puedan poner comida en su mesa...". Usted puede hablar así a alguien que tiene dinero y probablemente no puede causar en su profesión un impacto en la vida de las personas como lo puede causar con Social Economic Networkers.

La tarea de dejar un legado hay que desarrollarla porque la tendencia de los distribuidores es caer en la parte física; que es el plan de compensación y los productos. Debe dar énfasis a los sentimientos, no se desvíe en argumentos lógicos y técnicos. La decisión del prospecto es emocional, no lógica y mientras más se complique más difícil será la decisión para éste.

El hablar en exceso de productos y del plan de compensación impide la relación e impide que el prospecto decida, ya que lo pone a pensar lógicamente y en lo que el prospecto interpreta toma mucho tiempo. Esto retarda la duplicación y por ende el desarrollo de la red. Las personas aprenden el plan de compensación y los productos en el proceso. En vez de dar cifras y números, hable del poder del plan de compensación y del Sistema Educativo para poder hacer realidad sus sueños. En otras palabras, hable del concepto de libertad y de la oportunidad de dejar un legado.

La *naturaleza* de negocio

¿Cuál es la mejor manera de patrocinar gente en la red?

Usted quiere que toda persona que se asocie a su red haga un compromiso personal profundo. Usted quiere que tome su propia decisión acerca de este negocio y persevere en ella.

Imagine que usted está arando un campo. Usted sabe que mientras más gente lo ayude, más rápido se arará. Esa es una simple fórmula para éxito. De manera que su primer instinto será pedir ayuda a la primera persona que encuentre. Usted estará más interesado en la cantidad que en la calidad; conseguir mucha gente que lo ayude más.

Pero suponga lo siguiente: Que las primeras personas que pasan por allí no quieren ayudarlo. Pero usted los convence para que lo hagan. Comienzan a arar con usted, pero parece que cada vez que usted voltea su espalda están tomando un descanso y algunas veces aran en la dirección equivocada. Muchas veces desperdician su día durmiendo y usted emplea más tiempo vigilándolos para que trabajen. Luego, cuando la semilla que usted recién ha plantado no germina inmediatamente, los nuevos ayudantes se desaniman y comienzan a irse.

¿Cuál era el problema con su sencilla estrategia para el éxito o para el triunfo?

Las matemáticas eran correctas; mientras más personas usted tiene en el trabajo más rápido se completa. Si las personas fueran solo números, su plan hubiese dado resultado. Pero el problema de este plan es el mismo que tiene la mayoría de las estrategias sencillas: No comprenden la diferencia fundamental entre los números y la gente. Todos somos individuos, somos iguales y libres para hacer lo que queremos. La razón por la cual el enfoque de cantidad no logra que se labre el campo, es que no se toma en consideración que algunas personas no quieren arar el campo. Si usted va a labrar el campo necesita ayuda, pero esa ayuda no puede venir de cualquier persona. Usted necesita gente que quiera unirse. Usted necesita gente con el deseo de arar y una visión de cómo se verá el cultivo algún día. Volvemos a la pregunta original: ¿Cuál es la mejor manera de patrocinar gente en su red?

Ahora usted sabe cuál es la respuesta. La mejor manera de patrocinar gente en su red es crear en ellos el deseo de construirla. Las relaciones sólidas son el primer paso para crear un deseo de construir. Una red exitosa es aquella en la cual todos quieren construir. Su red no crecerá porque la gente piense que debe construir o sabe que debería construir. Ellos tienen que querer.

¿Cómo logra usted que la gente quiera construir la red?

Usted puede lograrlo mediante su relación, enfocado en los sentimientos. Sus amigos no son sus amigos porque usted intelectualmente haya decidido que una amistad sería ventajosa para ambos. Sus amigos son sus amigos porque usted se siente bien con ellos. El enfoque sobre el sentimiento de la gente es la clave de las relaciones sólidas. Trate a la gente con respeto y sobre todo con amor. Una de las razones por la cual he perseverado en mi red a pesar de todas las dificultades; es que mi patrocinador y toda su gente son como si fueran mi familia. Si usted quiere que alguien se sienta bien acerca de su red, trátelos como si fueran de la familia. Si usted ve a alguien de mal humor no deje que se quede así, edifíquelo y estimule su ánimo. Usted los quiere no por lo que puedan hacer por usted, o por lo que usted pueda sacar de ellos, sino por lo que ellos son. Entonces usted construirá un puente entre ellos y usted. ¿Y usted sabe lo que va a viajar por ese puente? El deseo de construir la Red.

Si usted quiere saber cómo tratar a la gente, examine los valores esenciales. Si la gente se siente valiosa, igual, libre y amada; usted sabe que está construyendo relaciones sólidas y duraderas. Pero si ellos piensan que usted es mejor que ellos, entonces no se sienten igual y cuando estén alrededor de usted se sentirán incómodos, bajo presión y hasta pueden pensar que no significan nada para usted. Si es así, usted no está construyendo relaciones, usted está manipulándolos. Los valores son barómetros personales para las relaciones.

Siete valores esenciales:

 Valor del individuo

Igualdad

Libertad

Amor

Gratitud

Integridad

Lealtad

Siempre que usted combine estos siete valores, entonces las cosas prosperarán y la gente confiará en usted. La confianza y el deseo de construir una red van de la mano. Cuando usted presenta la oportunidad, la gente tiene que saber que usted es una persona honesta e integra. Ellos no lo están mirando a usted para ver si pueden hacer dinero; ellos quieren saber si pueden confiar en usted. Afirmando los valores esenciales en su vida, usted muestra que es digno de confianza. Esto da a ellos un sentido de seguridad y creerán en usted.

Existe un error que puede estrellar esa fe temprano; así que mucho cuidado. Este error es promover actitudes negativas. Todo lo que usted dice mientras está construyendo relaciones debe edificar la oportunidad, la compañía y la gente en su organización. Edifique a todos desde su patrocinador, su línea de auspicio y hasta la compañía. Asegúrese que sus prospectos vean el lazo positivo que pasa por usted y su organización y llega al tope. Ese lazo positivo crea confianza y seguridad. No lo dañe promoviendo actitudes negativas.

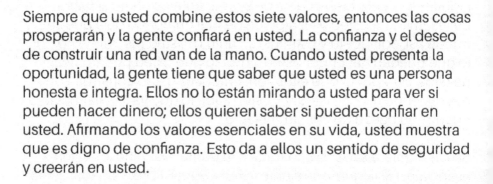

El deseo de construir su red de mercadeo requiere dos elementos esenciales *visión y pasión.*

¿Tiene usted la visión?

Si usted tiene la visión, entonces puede compartirla con sus prospectos. Consiga que piensen en algo mayor que ellos mismos. Algo más grande e importante que el aquí y el presente. Todos necesitamos una sensación de propósito; necesitamos dejar un legado. Al morir tenemos que saber que lo que hicimos valió el esfuerzo. Esa es la visión y lo que significa. Dejar algo para la gente que viene detrás de nosotros.
Para realizar nuestra visión debemos tener pasión. Eso significa que tenemos que hacer lo que amamos. Una vida vivida con amor y con pasión indudablemente le llevará a un gran deseo de construir la red. Hay una explicación práctica y sencilla a todo esto.

¿Recuerda el campo que estamos arando?

Hay manera de asegurarse que la gente se una y no pierdan la esperanza. Hay una manera de mantenerlos concentrados, felices y exitosos. Todo comienza con recordar que se trata de gente y no de números.

- Establezca una relación con cada uno de sus prospectos. Muéstrele que ellos son importantes para usted.

- Provea un sentido de seguridad, confianza y credibilidad. Ellos necesitan saber que esta oportunidad es para toda la vida y que pueden creer en ella.

- Asegúrese de fomentar la autoestima y una confianza en ellos mismos. Ellos deben saber que hay un lugar para ellos en la red y que ese lugar es importante.

- Ayúdelos a comprender la naturaleza del negocio mediante el trabajo en equipo, el liderazgo y la edificación estratificada. Ese enlace positivo que va directo al tope.

- Provea a sus prospectos una visión para que desarrolle su pasión. Cuando usted haya hecho todo eso, le habrá dado la llave más grande del éxito: Fe y Esperanza.

Ahora, sus prospectos tienen un sueño. Si creen en esta oportunidad pueden hacer que el sueño se haga realidad. Nada en el mundo lo detendrá de unirse a nosotros. Así que la pregunta es: ¿Cómo les muestra a ellos que esta oportunidad puede hacer sus sueños realidad?

Descubra sus sueños. Encuentre lo que sus prospectos quieren en lo profundo de su ser. Luego construya un puente entre los prospectos y sus sueños. A ese puente se le llama oportunidad y cuando sus prospectos se den cuenta que cruzar el puente los llevará a sus sueños, ellos crearán el deseo de construir la red por sí mismos.

Como dijo Nikos Kazanizakis:

"Maestros son los que se ofrecen ellos mismos como puentes, por los cuales invitan a cruzar a sus alumnos. Tras haber facilitado ese cruce, se desmoronan alegremente y los alientan a que creen sus propios puentes."

La relación

La importancia de las relaciones personales
¿Por qué buscan tan ansiosamente las megacorporaciones
tener personalidad corporativa? Para que el público se pueda
identificar. Las personas tomamos las decisiones más importantes
de nuestras vidas en base a nuestro instinto y sentimientos
personales. Por ejemplo:

- La relación personal que su prospecto tiene con usted y con
  otros distribuidores es el factor más importante que contribuye
  a su decisión de asociarse a su red.

- Los distribuidores aceptan orientación e instrucción en los
  principios correctos para desarrollar su empresa de aquellos
  con quienes comparten fuertes relaciones personales.
  Probablemente no prestaron atención a los consejos de
  aquellos con los que no tienen fuertes relaciones personales.

- Sin buenas relaciones personales, se hace imposible la
  comunicación comercial. Si usted escatima en el contacto
  personal, su empresa sufriría. Su plan empresarial no tendrá
  éxito si usted se olvida de lo importante que son las relaciones
  personales. Toda decisión tomada por un cliente o prospecto
  desde la compra de un producto hasta el asociarse a su red,
  se basa principalmente en la relación que existe entre ellos y
  usted. Se necesita mucha suerte para convencer a otro que
  le compre algo o que se asocie a su red si no existe alguna
  relación personal. La suerte no es una buena base para una
  empresa. Las redes de mercadeo son un negocio de relación.
  Para formar una empresa estable y segura empiece con buenas
  relaciones personales.

¿Cómo construir relaciones personales sólidas?

¿Qué es una relación personal? Es cualquier contacto personal
repetido entre usted y otra persona. Usted ya tiene muchas
relacione personales; su familia, amigos y conocidos. En vez de
gastar miles de dólares en comprar listas de prospectos o en
imprimir material publicitario o en sacar anuncios en un periódico,
el sistema sugiere que usted trabaje con un medio que ya ha

153

dominado la gente. Una buena relación personal es un mejor conducto para la oportunidad empresarial que cualquier folleto ingenioso o publicidad.

Las relaciones existen en el reino de las emociones y no de la lógica. Los prospectos se comprometen más con personas que con ideas abstractas. El concepto de la independencia financiera es poderoso, pero su atractivo es amplificado enormemente cuando es ofrecido por una persona que se preocupa por nuestros sueños y comparte nuestros sentimientos. Hable con la gente acerca de lo que desean en la vida y donde quieren estar. En otras palabras, hágase amigo de ellos. Si usted insiste en una buena relación desde un principio, sus distribuidores serán receptivos a la duplicación y llegarán a ser líderes exitosos.

Recuerde, no es difícil desarrollar una buena relación. Por lo general, unas pocas conversaciones son suficientes, siempre que usted escuche con interés genuino. Para fortalecer la relación entre el patrocinador- distribuidor y la red en general debemos considerar los siguientes puntos:

- Enfocarse en sus sentimientos.
- Tratarlos como miembros de una gran familia.
- Levantarles la moral.
- Mostrarle interés por lo que son, no por lo que se puede obtener de ellos.
- Fortalecer la relación a través de los valores (valor del individuo, igualdad, libertad, amor, gratitud, integridad y lealtad).
- Crear confianza mediante integridad y honestidad.
- Dé un sentido de seguridad y credibilidad a través de la edificación. Edifique a todos, desde David y Bianca, SEN, El Sistema Educativo y su línea de auspicio. Edifique en cada oportunidad que tenga.

Reconocimiento

Una de las maneras más efectivas para promover relaciones positivas en su red y mantener a todos enfocados en los sueños. No olvide dar reconocimiento en público a los miembros de su organización durante una reunión o actividad cada vez que logran una de sus metas. Cuando uno de sus distribuidores logra otro nivel dentro del plan de compensación, es su responsabilidad darle el pin de la posición alcanzada. Esta ceremonia simboliza el reconocimiento del logro y esto fortalece al líder reconocido.

Relaciones y liderazgo

Ya se ha recalcado la importancia de las relaciones, pero usted debe tener en cuenta las implicaciones de ser líder en un negocio que se basa en las relaciones. Cuando éramos niños, jugábamos un juego que se llamaba "Haga lo que hace el Rey", era un juego sencillo:

Un jugador era "el rey". El rey ejecutaba diferentes acciones y los otros jugadores imitaban sus acciones; caminando de la manera que caminaba el rey y copiando sus gestos y ademanes. Cuando el rey saltaba un charco, nosotros hacíamos lo mismo. Cuando el rey corría, nosotros corríamos detrás de él.

El objetivo del juego era ver lo que hacía el rey y duplicar sus acciones. El adulto que nos observaba jugando, veía una fila de niños. Todos haciendo lo mismo, como si fuéramos uno. Cuando somos adultos, nos olvidamos de las lecciones de los juegos de niños. Pasamos al mundo de los negocios y hablamos del liderazgo como si fuera algo misterioso y desconocido. Creemos que los líderes así nacen y no que se pueden desarrollar. Pensamos que el liderazgo es un arte y que para ser un buen líder uno debe tener cierto talento.
Los líderes ejercen dominio sobre los demás, tienen influencia

para que otros los sigan. Sabíamos más sobre el buen liderazgo cuando éramos niños. Por ejemplo:

- Sabíamos que todos éramos amigos.
- Todos jugábamos el mismo juego por la misma razón: queríamos divertirnos. Por lo tanto, seleccionamos a líderes o "reyes" que debían animar el juego y todos nos divertíamos al seguirlos.
- El líder inventaba diferentes cosas para lograr la meta de la diversión: cosas que todos podíamos hacer. Estudiábamos sus movimientos y hacíamos todo lo posible por copiarlos. En algún momento todos tuvimos la oportunidad de ser "rey" y nos dimos cuenta de que el objetivo del juego no era ser un líder o un seguidor, sino pasar un buen rato.

Todos somos amigos

¿Usted quiere organizar una red estable? Para lograr estabilidad usted necesita distribuidores con lazos estrechos entre ellos y comprometido con su grupo y la organización. Las rivalidades entre distribuidores en su red y el conflicto resultante, puede frenar su crecimiento y causar discusiones en su equipo. Por eso es importante recordar lo que aprendimos con los juegos de niños: Todos somos amigos.

Aprenda a valorar la relación personal que usted tiene con cada uno de sus distribuidores. Recuerde lo fácil que fue divertirse con "Haga lo que hace el rey", cuando el rey era su mejor amigo. Es importante que los distribuidores sientan que el líder es alguien en quien se puede confiar, alguien que se preocupa por ellos. En el mundo del comercio tradicional se habla de "sacarle el máximo a alguien". En nuestro negocio, como líder usted debe dar el máximo.

Cuando trate a sus distribuidores como amigos, ellos aprenderán a tratarse bien entre sí. Casi todo grupo adopta la personalidad del líder. Si usted enfatiza que las amistades fortalecen la red, esas amistades serán importantes para todo el equipo y con eso usted tendrá una red estable.

Todos queremos lo mismo

Lo notable de "Haga lo que hace el rey" es que cada jugador se enfoca en el objetivo del juego; duplicar las acciones del "rey". ¿Por qué? Porque esa es la única manera de lograr el resultado deseado: la diversión. Cuando pasamos a ser adultos nos olvidamos de lo sencilla que es la fórmula para el éxito.

La comercialización en redes de mercadeo es un negocio que requiere solamente una red de duplicación para producir el resultado deseado: el éxito. Es tan fácil como "Haga lo que hace el rey". El reto del líder es que tiene que mantener el enfoque de la red en el acto básico de la duplicación. Los adultos tienden a desviarse de las cosas esenciales y se olvidan del objetivo. Para que la energía de su equipo esté correctamente encaminada, usted tiene que hacer saber a sus distribuidores que usted comparte con ellos una meta en común y que si ellos repiten las acciones de usted, podrán lograr sus objetivos.

Un buen líder no obliga a los demás a que se sometan y lo sigan solamente por lo enorme e irresistible de su personalidad y poder de persuasión. Si usted cree que no tiene el carisma que se necesita para ser líder, no se preocupe. Un líder efectivo ejerce su influencia al dar lo mejor de sí a sus distribuidores. Un buen líder transmite confianza a sus seguidores y los seguidores se sienten más capaces de lograr las metas que comparten con su líder. Las relaciones personales con los distribuidores en su red son el conducto ideal para el mensaje de liderazgo.

Todos compartimos las mismas metas

Al seguir el ejemplo que le he dado, usted puede lograr las metas. Cuando un distribuidor percibe que usted está enfocado en que él alcance sus metas, le dará confianza y habrá en sus relaciones la misma confianza que existe entre los niños que juegan "Haga lo que hace el rey".

Una de las lecciones más simples de "Haga lo que hace el rey" es que nadie sigue a un "rey" cuyas acciones son imposible de imitar. Antes de comenzar a jugar, se selecciona un "rey". Seleccionamos niños que podamos seguir. Al principio los elegimos a ellos porque parecían ser los mejores, pero no pudimos mantenernos a la par. Poco después de comenzar el juego, esos líderes se habían adelantado tanto que nadie se podía acordar del orden de acciones que ellos habían indicado. En frustración, dejamos de jugar o seleccionamos a un nuevo líder.

No sea el tipo de líder que nadie puede seguir. Un buen líder se queda cerca de sus seguidores y mide sus acciones según la habilidad de los demás. Ese líder no se olvida que la gente que está tratando de seguirlo son sus amigos y que un líder sin seguidores es tan triste como un seguidor sin líder.

En "Haga lo que hace el rey", la tarea del "rey" es hacer diferentes acciones que puedan ser repetidas. La tarea del seguidor es repetir las acciones del rey. Lo mismo ocurre en la comercialización en Redes de Mercadeo a través del proceso de duplicación.

Usted construye un negocio exitoso cuando determina sus objetivos claramente. Esos objetivos le ayudarán a alcanzar sus sueños y al ir lográndolos, su equipo le seguirá. Haga de su empresa un ejemplo de práctica exitosa, de hacer las cosas como se deben hacer. Y más que nada: ¡Diviértase! Su red necesita entusiasmo para desarrollarse. Sus distribuidores se tienen que sentir bien al seguirlo a usted.

¡A todos les toca, a todos les llegará su turno!

"Haga lo que hace el rey" funciona mejor con grupos pequeños. A medida que su red crece también aumenta su necesidad de tener más líderes. Un requisito importante del juego de niños y de la comercialización en Redes de Mercadeo es que los seguidores observen al líder en acción. Los distribuidores que se encuentren en el cuarto o quinto nivel tendrán menos problemas enfocando un líder que está más cerca de ellos. Eso significa que a todos les toca el turno de ser líderes. En esta fase del desarrollo de la red, el éxito todavía es sencillo. Usted simplemente tiene más grupos que practican la duplicación. Para entonces, un buen líder debe dedicar parte de su tiempo a modelar y edificar a otros líderes.

El proceso de conferir el poder a líderes nuevos es otro aspecto de la relación líder-seguidor. La relación entre ellos es muy importante. Los líderes edifican a sus seguidores, lo que ayuda a que ellos se conviertan también en nuevos líderes.

La edificación

¿Qué es Edificación? Es el proceso de crear una imagen para alguien o para algo. Los siguientes puntos deben ser edificados constantemente:

 El Equipo de Social Economic Networkers

 El Sistema Educativo

 La Línea de Auspicio

4Life La Compañía 4Life

La edificación proveerá:

- Un ambiente positivo
- Una oportunidad para alimentar el desarrollo de liderazgo
- Un sentido de seguridad que estimulará a la acción a los miembros de su organización
- Dominio para hablar en público
- Un medio para evaluar la lealtad hacia los valores esenciales
- Un medio de transmitir poder
- Confianza, porque sin edificación la red no puede crecer
- Un proceso continuo
- Distinción de las características humanas
- La clave para determinar el nivel de compromiso y lealtad de sus distribuidores hacia el equipo.

Conceptos avanzados de la edificación

La pregunta que enfrenta todo líder en la comercialización en Redes de Mercadeo es: ¿De dónde viene la credibilidad y la autoridad? Estos vienen de las personas que creen en usted. La edificación es un proceso de crear una imagen para los demás. Cuando usted edifica a su patrocinador, su "upline" y los líderes de Social Economic Networkers en presencia de un distribuidor nuevo, usted establece la credibilidad y la autoridad de estos. Al mismo tiempo, su patrocinador, su "upline" y los líderes están creando una imagen para usted de diferentes maneras.

La edificación es recíproca. Es una manera de crear confianza a través de las relaciones personales. Cuando usted establece una relación con otra persona, la confianza que ustedes comparten se extiende a las personas que ustedes edifican. Eso le da al distribuidor nuevo el sentido de que él está vinculado, mediante las redes de confianza con usted, el patrocinador suyo, su "upline" y los líderes de Social Economic Networkers. Esto se llama estratificación. La seguridad que esto inspira es lo que hace tan importante la edificación.

No se puede organizar una red exitosa sin edificación. ¿Por qué? Porque a pesar de lo importante que son las relaciones personales, es imposible tener relaciones personales con todos. La edificación permite que su equipo desarrolle una red de relaciones interconectadas que unen a todos. Usted mismo no precisa tener una relación estrecha con todos, porque la gente con quien usted tiene una relación estrecha estará creando una imagen de usted para sus amigos. Ellos le harán a usted una persona reconocida. Recuerde, la relación básica en la comercialización en Redes de Mercadeo es la del patrocinador y del distribuidor. Cuando esas relaciones son sólidas y cada miembro del equipo practica la edificación, toda la red pasa a ser un conducto para los valores esenciales, el sistema y los principios comprobados para el éxito. En otras palabras, la edificación transforma su red en un conducto para la duplicación.

La edificación aumenta el dominio de hablar ante una audiencia. Cuando usted edifica, eleva a la otra persona y al elevar a la otra persona se eleva usted mismo a un plano superior. Entonces ideas que nunca usted imaginó comienzan a salir de su mente.

La edificación le da tanto poder a usted como al líder más poderoso de la organización. El edificar al "upline" le da poder a usted; contrario a lo que generalmente se piensa, que, si uno edifica a otra persona, esto nos empequeñece. Mientras uno edifica a otra persona, uno se engrandece. Cualquier persona que está comenzando podría dar el plan, pero si no ha aprendido a edificar, entonces, ¿de qué va a hablar si no tiene el carro, el cheque o algún sueño realizado? Es por esto por lo que la edificación es parte fundamental del plan. Es importante entender el poder que se obtiene a través de la edificación. Por esta razón, la edificación es una parte esencial de la presentación del plan.

Usted no puede desarrollar una red si no entiende el proceso de edificación, ya que inhibe el proceso de duplicación. La edificación es la única forma que un distribuidor tiene para determinar con quien va a trabajar. Uno de los problemas más graves en Redes de Mercadeo es determinar con quien uno va a trabajar, ya que si uno trabaja con la persona equivocada puede tener un serio problema: está perdiendo el tiempo con la persona equivocada o no está invirtiendo el tiempo con la persona adecuada.

La edificación no necesita una habilidad especial o conocimiento. Requiere un interés genuino en ayudar a otras personas honestamente. Cuando usted edifica desde del corazón, su corazón puede determinar qué persona es verdaderamente leal a los valores esenciales. Usted puede percibir cual prospecto es más creativo, más apasionado, más dispuesto a trabajar cuando ellos buscan la forma de cumplir con los valores. Al edificar, nosotros no vamos a hablar de lo que la persona posee, no vamos a hablar de lo que tiene, ni que título obtuvo, nosotros vamos a hablar de quien es como persona, eso es consistente con los valores.

Cuando resaltamos los valores esenciales en la persona que edificamos, vamos a dar énfasis en como esos valores y la relación que tenemos con esa persona ha influenciado en nuestra vida. Destacamos como esa persona se considera un líder en la sociedad, porque ha logrado desarrollar a otras personas y podemos dar un ejemplo de cómo ha mejorado nuestra vida. Esto produce que la persona que está escuchando quiera conocer a esa persona para ver si puede obtener esos beneficios.

La habilidad de *mover* gente

¿Qué es habilidad?

- Es la capacidad para ejecutar con éxito una acción o tarea. Las habilidades y capacidades no son hereditarias, sino que se desarrollan con la práctica y la repetición.

- Una de las habilidades más importantes que debe desarrollar un Networker es la habilidad de mover personas a las actividades del sistema

- El crecimiento de tu organización será directamente proporcional a tu capacidad de mover personas a las actividades y eventos.

¿Por qué mover gente a los eventos del sistema? Beneficios de los eventos del sistema

Compartir y Transferir la Visión
Aumenta la Retención en el Negocio
Escuchar Historias de Éxito y Transformación que nos Inspiran
Reconocer y Celebrar el Éxito de los nuevos rangos y posiciones
Conectar a las personas al Sistema Educativo y a Nuestra Filosofía de hacer negocios en SEN
Capacitarnos en los Fundamentos del Sistema
Alinear los miembros del equipo al Plan de Acción y Estrategia acordada
Crear un sentido de Unidad y Pertenencia al Equipo
Facilita al líder identificar con quién va a trabajar

Puntos que considerar en la habilidad de mover gente

Es un hábito fundamental para el éxito en Redes de Mercadeo
- Capacita, Modela y Duplica
- No lo hagas con tu fuerza, hazlo con el sistema educativo
- Los líderes exitosos son eficaces en Mover Gente y son conscientes de los beneficios de hacerlo

¿Cómo crear una cultura de movimiento de gente?

1er Paso: Entender el Ciclo del Sistema ¿Qué es el Ciclo del Sistema?
- Es una Estrategia que tiene como objetivo el Movimiento de Personas a las actividades del Sistema.
- Cuando exponemos al candidato o al nuevo asociado a diferentes experiencias, información e historias, esto aumenta la efectividad en la decisión del candidato y aumenta la Retención de Nuestros asociados.

2do Paso: Conocer las 2 Principales Herramientas para Mover Gente
- Edificar y Promover La Edificación y la Promoción van de la mano.

¿Qué es edificar?

- Es el proceso de Crear una imagen mental en las personas de alguien o algo.
- Es construir, es resaltar las Cualidades Positivas de alguien o de algo.

¿Qué es promover?

- Es impulsar, estimular y provocar la realización de algo
- Es producir una situación de urgencia, agitación o movimiento

¿Cual es la diferencia entre promover e informar?

- Los Networker principiantes Informan. Está ausente la Postura Empresarial, la Pasión y la conexión emocional que provoca que las personas se Muevan
- Los Networker Profesionales Promueven. Lo hacen con todos los sentidos, inspiran y despiertan el deseo creando una imagen Mental en el candidato de lo determinante del Evento para su Éxito

Promover y edificar requiere...

- Ponerle Emoción a las palabras para que tu pasión conecte con las personas
- Compartir y Transferir la Visión de la importancia del Evento para su Futuro y hacer sus Sueños una Realidad
- Conviértete en el Profeta del Futuro de tu Gente
- Postura Empresarial
- Conocer los Beneficios de asistir al Evento

¿Cómo ser eficaz en el movimiento de gente a los eventos?

- Promover con Pasión los beneficios de estar Presente en el Evento
- Concientiza a los miembros de la Organización de la importancia del Evento para el Crecimiento de su Negocio
- Hacer un Plan con tus líderes para el movimiento de gente al Evento
- Comparte Flyer/Link y la agenda del evento a todos los miembros de la organización
- Asegúrate de que todos entiendan la importancia de su Asistencia para establecer su ejemplo como líder comprometido con el Equipo y el Sistema
- La actitud de los líderes debe ser Entusiasta e Inspiradora

- Un buen promotor edifica constantemente y cuenta historias de como SEN, el Sistema y los Eventos han transformado su vida y la de los demás.

¿Dónde y cuando promovemos?
- Cuando estamos prospectando
- Dando el Plan
- Dando el Seguimiento
- Planificación Empresarial
- Reunión del SEN Team
- Plan en Zoom
- Seminarios
- Rally
- Convenciones

Promoción eficaz en redes sociales
1. Promueve por todos los medios. Facebook, YouTube, WhatsApp, Telegram, Twitter, Instagram
   - Volante de Promoción Oficial, Requisito y Registro
   - Video Promoción Oficial

2. Publicar videos Personalizados
   - Utiliza el Poder del testimonio de como los eventos han sido determinante para su éxito y transformación
   - Videos cortos de personas que ya están registrados y están emocionados de su decisión de ir al evento

3. Publicar el Volante con foto de tus lideres que ya están registrados
4. Publicar foto compartiendo con tu equipo en eventos anteriores y poner comentarios positivos
5. Crear un "hashtag" único para las Redes Sociales
   - Esto facilita encontrar en los medios el contenido compartido

y encontrar los comentarios sobre el evento
- Facilita crear conversaciones con los asistentes y personas interesadas
6. Pon el volante del evento en tu Perfil
7. Un llamado a la Acción por todos los Medios

Impedimentos comunes en el desarrollo de la red

1. La gente puede no darse cuenta de que "La Guía" es un sistema completo e integrado. Tratarán de ponerle su sello personal agregándole y quitándole cosas, que eventualmente causarán confusión en su organización. Modificar "La Guía" puede poner en riesgo el proceso de duplicación, la credibilidad y la sensación de seguridad. Si modelamos el cambio, el cambio será perpetuado y podemos terminar con algo totalmente diferente al expandirnos nacional y mundialmente.

2. Tómese el tiempo para adquirir una profunda comprensión y confianza en "La Guía".

3. Los líderes no nacen, no se hacen, se desarrollan. A veces la gente queda atrapada por el pensamiento de que este negocio es simplemente una cuestión de suscribir a la gente como distribuidores, en lugar de desarrollar líderes. Si usted inscribe personas y no los desarrolla, tal vez tendrá que hacerlo otra vez. Ayúdeles a ser líderes y no tendrá que hacerlo nuevamente. Una forma en que usted puede desarrollar su líder es crear tantas oportunidades como sea posible en los primeros 90 días y demostrar que "La Guía" trabajará para ellos.

4. Provea una visión mundial. Esta oportunidad es más grande que el negocio meramente local, es de amplitud internacional.

5. Incluya su propia historia en la presentación de la oportunidad empresarial: Quién es usted y por qué está en el negocio. Usted

debe también edificar a sus "upline" y a la línea de patrocinio.

6. Hable acerca de visión, pasión y sueños. Los miembros de la organización necesitan comprender como crear un equilibrio cuando hablan acerca de su pasión y visión, en vez de hablar solamente acerca de cosas materiales. Soñar debe también ser enfocado en construir una visión para dejar un legado hacia el futuro. Esto ayudará a la gente de la organización a fijar prioridades en sus propias vidas.

7. Cuando hable con distribuidores, mencione desde el principio sus sueños y metas. La constante discusión de los sueños y metas de su distribuidor dará valor y mantendrá a sus distribuidores enfocados y listos para construir.

8. Recuerde sus propios sueños. En cada empresa llega un momento en que usted debe detenerse a considerar sus propios sueños. Es posible que usted pierda el enfoque si se concentra puramente en número y bonificaciones, pero cuando usted piensa en sus sueños y en lo que será verlos convertidos en realidad, todo entra en perspectiva.

9. Por el simple hecho de que los sueños y visiones fueron mencionados en determinados momentos, no piense que ya no hay que tratar más el tema. Todas las discusiones y conversaciones con distribuidores deben referirse a sueños, visión, pasión y tener un propósito fijo en la vida. Estas cosas sacuden sus emociones y fortalecen sus compromisos y la relación entre distribuidores.

10. Los líderes deben ser conscientes de la necesidad de construir una relación sincera con sus distribuidores, para ayudar a hacer que sus sueños se hagan realidad. Esa relación es esencial para crear confianza y ser una relación a través de la cual puedan ser transferidos los valores.
11. Recuerde que el compromiso emocional es importante. Se puede adormecer al hablar demasiado acerca de cosas técnicas

y lógicas. Las decisiones se toman emocionalmente, y luego son justificadas por la lógica, no basadas en ella.

12. Si una persona es verdaderamente infeliz, las cosas materiales no la harán más feliz. Al poseer cosas materiales él o ella pueden ser desdichados más cómodamente, pero el hecho de que posean más no los hará más felices. Lo contrario también es cierto. Tener muchas deudas no hará más feliz o afectiva a una persona. La felicidad no se puede lograr externamente. Necesita ser encarada desde adentro, desde el corazón mismo de un ser humano. Tener o no tener cosas materiales no nos hará felices o infelices. Tenga cuidado en la forma de discutir cosas materiales; asegúrese de que sea a la luz de los Valores Esenciales y con un sentido de propósito y misión.

13. Para tener éxito, sus distribuidores necesitan considerar "La Guía" como si ésta fuera una franquicia. Si no le dan seguimiento, no aprovecharán la experiencia y la sabiduría de este concepto tipo franquicia.

14. Al trabajar dentro de "La Guía", recuerde que si alguna cosa es omitida o hecha incorrectamente, tendrá un efecto adverso tremendo. "La Guía" crea un ambiente para la duplicación. Cuando usted trata cada vez con más gente, las omisiones y los errores se magnifican. ¡Todo se duplica, incluso los errores!

15. La gente puede ser creativa en cómo seguir "La Guía" al pie de la letra. Pueden encontrar nuevas formas de explicar por qué otros deban seguirlo, exponer los valores esenciales, mejores formas de ser edificante. También pueden crear deseo o visión, leer libros y escuchar o ver material grabado para encontrar nuevos ejemplos e historias. Recuerde, que cuando surge una nueva idea, la idea debe cotejarse con "La Guía". Si no está reflejada en "La Guía", lo más probable es que inhiba la duplicación, la formación de relaciones y el desarrollo del liderazgo. Usted le puede sugerir a la persona que trae una idea que sería una decisión sabia seguir "La Guía" por el momento hasta dominarla. Luego, él o ella serán más capaces de evaluar la idea desde distintos ángulos para juzgar sobre su validez.

16. Hay muchas maneras de ilustrar un punto. A menudo, una

confrontación directa puede ser percibida como una violación de la libertad de otra persona. Al contar una historia para ilustrar un punto o haciendo preguntas a la otra persona, usted puede hacerle entender lo que usted está tratando de decir y muchas veces llegarán por sí solos a la conclusión que usted desea que lleguen.

17. Cuando usted habla acerca de la oportunidad de 4Life es muy importante saber cómo crear un equilibrio entre los productos y la oportunidad empresarial. Se debe hablar sobre ellos siempre en el orden correcto y separado uno del otro. Los productos tienen un lugar muy definido en este negocio pero vienen después de la creación de la red. Recomiende los videos de los productos a sus nuevos distribuidores que deseen mayor información. De esta forma, usted puede enfocar su tiempo, energía y conversación hacia la construcción de la red.

18. La información principal requerida para el movimiento eficiente de los productos es compartir los beneficios y cómo usarlos. Tenga confianza en que la información del producto que da la compañía es suficiente para mover los productos. A menudo hay una sensación de hacer algo más para mover los productos, esto da a menudo por resultado que los líderes proporcionen información técnicamente compleja sobre productos a través de información escrita y audios grabados.

19. Meterse a jugar a ser doctor diagnosticando problemas de salud no es beneficioso para su negocio.

20. Cuando se ponga en contacto con un prospecto, es importante fijar siempre la próxima cita y entregar algún material o literatura.

21. A cada distribuidor se le pide que se

comprometa totalmente a concurrir a las diferentes reuniones o actividades. Esta responsabilidad debe tomarse seriamente.

22. La Reunión del SEN Team semanal nos es un simple lugar a donde puede llevar a sus prospectos, sino que juega un papel mucho mayor en el éxito de su negocio. Su asistencia a la Reunión del SEN Team ha de sustentar el papel de liderazgo en el que se supone que usted hará de modelo para la organización. También afirma su posición de liderazgo, dando un ejemplo de respaldo a los distribuidores y a sus prospectos presentes.

23. Algunos creen que deben tener cientos de distribuidores patrocinados personalmente para prosperar en este negocio. Nada puede estar más lejos de la verdad. Es incorrecto asumir que ellos deben ser personalmente responsables de llenar su propia organización con distribuidores; su trabajo principal es servir de modelo al desarrollo de liderazgo.

24. Asegúrese de que todo lo que hace su equipo tiene por finalidad sustentar el concepto de la duplicación. La comercialización en Redes de Mercadeo es un proceso sencillo. Si su equipo se concentra en la duplicación, se mantendrá enfocado. Si una actividad o plan se aparta de este concepto, no se comprometa a realizarlos.

25. Encuentre un mentor y haga de mentor para otros en su organización. El énfasis de "La Guía" sobre relaciones personales promueve las relaciones mentor-estudiante. Su patrocinador funcionará naturalmente como mentor a condición de que usted tenga cuidado de no quemarlos con innecesarias exigencias de

tiempo y atención. Si por cualquier motivo usted no puede ver a su patrocinador como mentor, continúe por la línea de patrocinio hasta que encuentre un mentor apropiado. Las relaciones son un camino de doble vía y usted debe respetar la libertad de su mentor. Al mismo tiempo, sea usted un mentor para todos sus distribuidores. La línea del respeto y la educación evitarán un cambio de enfoque.

26. A los expertos de escritorio hay que evitarlos. Estos sabelotodo están listos para especular sobre cada aspecto de la comercialización por Redes de Mercadeo, pero no están dispuestos a construir la red. Si usted o su equipo son atraídos a su órbita perderán el enfoque. Por regla general, nunca comparta pensamientos negativos con otros y absténgase de discutir la industria con otros hasta tanto esté totalmente preparado y confiado. Cuando encuentre un problema, pídale consejo a su patrocinador. Todas las respuestas están en "La Guía".

27. Acontecimientos mayores en la vida de los miembros de su red como cambio de trabajo, el nacimiento de un hijo, construcción de una casa nueva, un matrimonio, un fallecimiento en la familia, pueden apartarlos del enfoque de construir. En ocasiones como éstas, no deje de aumentar su construcción en profundidad para compensar hasta que el miembro del equipo esté nuevamente listo para enfocar.

28. Evite transacciones financieras con los miembros de su red, tal como dar dinero prestado. Esto tiende a desviar el foco de la cooperación y transforma la relación patrocinador-distribuidor en una relación de prestador-deudor.

29. Mantenga algún pequeño inventario de herramientas para construir la red.

30. Un obstáculo común es permitir a los distribuidores que lo convenzan de presentar constantemente la oportunidad empresarial por ellos, en lugar de comenzar el proceso de

presentar la oportunidad empresarial ellos mismos.

31. El proceso de edificación le proporcionará a usted el mismo poder que tienen los líderes más fuertes en la organización. A los ojos de sus prospectos y distribuidores, al ser usted edificado se convierte en líder, aun cuando recién haya empezado en el negocio. La edificación es una gran herramienta de desarrollo.

32. ¿Qué hace un líder? Es importante usar un criterio específico para medir y remunerar el desarrollo de liderazgo. En "La Guía" se enumera ese criterio bajo "Como Desarrollar los Líderes". Juzgar a un líder en esta forma le agregará objetividad al proceso, fortalecerá las relaciones entre los líderes y les dará a los líderes superiores un medio de juzgar su propio desarrollo de liderazgo. También ayuda a conducir a otros a través del proceso de desarrollo de liderazgo.

Reuniones del sistema

Reuniones del SEN Team:
Objetivo: Presentar la oportunidad empresarial a los prospectos con quien usted ha desarrollado una relación, donde ellos puedan encontrarse con distribuidores exitosos que tengan la misma ocupación o profesión. Edifique a su patrocinador, su "upline", SEN, El Sistema Educativo y la compañía.

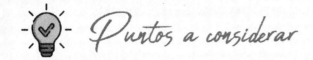

Puntos a considerar

- Es importante mantener una atmósfera de compañerismo, edificación, sentimientos positivos y felices. Presente el prospecto a otros distribuidores de éxito para que se relacionen y adquieran seguridad de que la oportunidad es real.

- La oportunidad empresarial será presentada cada semana por un líder distinto en forma de rotación.

- Los líderes del área pueden cobrar en la entrada por distribuidor, dependiendo del costo del salón de la reunión. Esto ayudará a los distribuidores a sentir que tienen una inversión en la reunión del SEN Team y que hay una inversión en la construcción del negocio.

- La vestimenta debe ser de negocio. Recuerde, su imagen es importante para causar una buena impresión a los invitados.

- Al final de la Reunión del SEN Team se hacen los módulos.

Módulo al final de reunión del SEN Team

Qué decir y qué hacer para que funcione correctamente

1. Cómo nos sentimos en nuestra primera reunión y cuál es nuestra visión del negocio hoy.
2. Hacemos la presentación de los asistentes. Planificamos la reunión de seguimiento con los invitados presentes dentro de 24 a 48 horas y se envía el material de seguimiento.
3. Sacamos la agenda para repasar los planes que se darán en la semana con los desarrolladores y vemos si necesitan ayuda. Así trabajamos en equipo.
4. Anunciar las próximas actividades.
5. Terminamos con alguna historia de éxito y con nuestra visión de que cada uno de los presentes puedan hacer sus sueños realidad.

Reunión de líderes

 Objetivo: Unificar a los líderes con un objetivo común guiados por los cinco valores esenciales y un sistema uniforme a seguir.

 Beneficios:
1. Consolidar las relaciones entre líderes.
2. Proveer una visión para la organización.
3. Proveer una misión para la organización en cuanto a su desempeño y posición en el área local, ciudad, estado y país.

Temas claves a tratar en la reunión de los líderes:

1. Coordinar la ejecución de las reuniones del SEN Team, actividades, feria de productos y seminarios.
2. Movimiento de gente a los eventos y convenciones. Coordinar el movimiento de gente y boletos a las diversas actividades.
3. Enfatice el uso de historias y preguntas durante las charlas.
4. Coordine seminarios.
5. Discuta las debilidades identificadas durante la ejecución del

sistema, a fin de hacer los ajustes necesarios.

6. Evalúe las relaciones entre los líderes dentro de una misma organización y entre diferentes organizaciones.

7. Esta reunión debe ser finalizada con temas emocionantes sobre visión, pasión, misión y dar un sentido de propósito.

¿Cómo formar el mejor equipo de líderes?
¿Qué es exactamente un equipo?

- Un equipo es como una Familia
- Se valoran
- Se protegen entre si
- Se comunican
- Crecen juntos
- Cooperan entre si
- Tienen compromiso

Cualidades de un equipo ideal

1. Los miembros de un equipo se protegen entre sí. Para que un equipo tenga éxito, sus miembros deben protegerse mutuamente. El equipo entero sufre cuando a un miembro no le importa nada más que él mismo.

2. Los miembros del equipo saben qué es importante para el equipo. Cualquiera que no conozca lo que es importante para el equipo no solo falla en colaborar con este, sino que en realidad impide el éxito del equipo.

3. Los miembros del equipo se comunican entre sí: Permitir que cada uno sepa lo que pasa para proteger los mejores intereses del equipo. La comunicación franca entre compañeros incrementa la productividad.

4. Los miembros crecen juntos: En una organización, es responsabilidad del líder organizar el crecimiento de todo el equipo. Participar de experiencias e intercambios juntos son los mejores medios de crecimiento del equipo.

5. Existe un equipo adecuado: Los individuos llegan a conocerse mejor a medida que se interesan mutuamente, crecen juntos y trabajan hacia una meta en común. Un buen equipo requiere actitud de compañerismo. La confianza hace que los miembros del equipo trabajen en unidad. Hay que conocer las fortalezas y debilidades de los miembros del equipo.

6. Los miembros del equipo colocan sus intereses individuales por debajo de los intereses del equipo: Creen en las metas comunes y empiezan a desarrollar sincera confianza entre sí. Deben creer de corazón que el valor del éxito colectivo es mayor que sus intereses individuales. El individualismo gana trofeos, pero el trabajo en equipo gana campeonatos.

7. Cada miembro del equipo desempeña un papel especial: Cuando notemos que no se está llevando a cabo una función, debemos hacer los ajustes necesarios para asegurar que se finalice el trabajo.

8. Un equipo eficaz tiene una buena reserva: Seleccionar, equipar y desarrollar los miembros del equipo para que den lo mejor y ejecuten el trabajo cuando se les necesite.

9. Los miembros saben exactamente en qué situación está el equipo: El sentido organizacional es la habilidad de saber lo que está ocurriendo con la organización y cómo el equipo actúa con relación a las metas. Como arreglárselas en contra de la competencia y cómo actúan los diferentes jugadores en el juego.

10. Los miembros del equipo están dispuestos a pagar el precio una y otra vez. El éxito llega como consecuencia del sacrificio, esto es, la buena disposición de pagar el precio. Todo miembro del equipo debe estar dispuesto a sacrificar tiempo y energía para practicar y prepararse. Sin la convicción de cada individuo de que la causa vale la pena, la batalla nunca se ganará y el equipo no tendrá éxito.

Puntos a considerar

- Esta reunión no es una sección de quejas y problemas. Mantenga un ritmo de entusiasmo y motivación y no se desvíe en cuestiones individuales. Mantenga el enfoque de esta reunión.
- Discuta y tome acción sobre eventos y actividades locales.
- Usted debe establecer algún criterio mínimo para los líderes que son invitados.
- Haber estado en el negocio por lo menos 3 meses.
- Presentar con frecuencia la oportunidad de negocio, "El Plan".
- Haber apoyado todas las reuniones y seminarios.
- Usar y promover las herramientas del sistema.
- Usar los productos.
- Edificar el equipo, el sistema, sus "upline" y "downline" sinceramente y de corazón.

¿Cómo desarrollar su red a larga distancia?

Para expandir su negocio a larga distancia es importante que inicialmente pueda adquirir el conocimiento, experiencia y confianza a nivel local. El proceso de construir una red a nivel local le va a dar la experiencia y la seguridad para que su trabajo sea productivo cuando llegue el momento de expandirse internacionalmente. Además, si desarrolla una red sólida localmente le va a proveer las finanzas necesarias para que pueda invertir en su desarrollo internacional.

Esta sección de la Guía es para dar una idea general de lo que debe hacer para pasar a los prospectos a través del proceso correcto cuando lo estamos trabajando a larga distancia. Establezca una conversación inicial con su prospecto para evaluar el interés que tiene en la oportunidad. Durante el proceso usted quiere trasmitir una sensación de entusiasmo e interés. Al mismo tiempo debe ser breve y profesional, para que el prospecto se quede con una impresión positiva.

Pasos que seguir para pasar al prospecto por el proceso correcto:

1. Llamada inicial, salude: Una conversación informal es todo lo que se necesita para tener una idea del interés del prospecto. Hable temas apropiados como la familia, sus intereses, sus sueños y el trabajo. Si conoce bien a su prospecto, es fácil establecer una conversación. Si la relación es nueva, establezca quien lo refirió. Elogie lo bien que la persona que lo refirió habló de él o ella.

2. Establezca el propósito de la llamada: Aquí usted va a establecer una corta conversación para despertar interés y curiosidad en su prospecto. Explique que usted ha encontrado una oportunidad confiable a través de la cual los sueños se pueden hacer realidad. Cuéntele como esta oportunidad llega a su vida y lo que está haciendo por la vida de muchas personas.

3. Las redes de mercadeo: Despertar interés y curiosidad al prospecto a través de una breve explicación del concepto de las Redes de Mercadeo (ver páginas 9 a la 11). En la conversación se deben resaltar los beneficios de las Redes de mercadeo:

a. Oportunidad de tener su propio negocio en su tiempo libre.
b. Poca inversión.
c. Ingresos ilimitados.
d. No tiene límites de territorio, expansión mundial.
e. Uno mismo establece las horas que va a trabajar.
f. Ingresos residuales .
g. No requiere inventario, ni empleados, ni local. La compañía nos lleva la contabilidad.

h.   Sistema educativo tipo franquicia.
i.   Equipo de respaldo.
j.   Libertad financiera en 2 a 5 años.

4. Respaldo: Edifique el equipo que nos está respaldando; Social Economic Networkers y su Sistema Educativo. Edifique y cuente alguna historia de líderes que sus vidas han sido impactadas con esta oportunidad.

5. Pregunte y explore: Pregunte al prospecto: ¿Si yo le dijera que sin dejar lo que está haciendo en sus horas libres podría ganar una fuente de ingresos igual o mayor a la que tiene, estaría interesado en recibir información adicional? Si la respuesta es afirmativa programe una videoconferencia o si en el área donde vive la persona hay una reunión establecida por SEN, invítelo a esta. Edifique esta reunión y provea la dirección al prospecto. Si hay un líder en la línea "upline" trabajando en el área, consulte para que alguien lo pueda recibir en la reunión del SEN Team del área. Envíe información de Seguimiento en la cual debe incluir:

a.   Video de Contacto
     https://sen.team/sen-herramientas/

6. Seguimiento: Llame a su prospecto el día siguiente de haber asistido a la reunión del SEN Team o luego de haber enviado la información de seguimiento. Aclare dudas si hay objeciones y use esto como marco de referencia. Una vez aclaradas las dudas, pregunte: ¿Está listo para formar parte del equipo e ir en camino a hacer sus sueños realidad? Si la contestación es afirmativa, llame a la compañía o registre a su nuevo socio a través de la aplicación My 4Life.

7. Seguimiento al nuevo socio:

a.   Conéctelo 100% al Sistema Educativo.
b.   Envíele "La Guía" y edifique lo que el sistema está haciendo en la vida de las personas.
c.   Envíele el link del Canal de YouTube para mantenerlo conectado y enfocado.
d.   Llame a su nuevo socio diariamente al principio. Aclare dudas,

oriéntelo, y planifique los pasos que debe de seguir para que el sistema funcione para él.

e. Enséñele a usar las herramientas y explíquele la importancia de su asistencia a la reunión del SEN Team.

f. Conéctelo a nuestras Redes Sociales de SEN:
www.sen.team
https://www.facebook.com/senexpansion/
https://www.facebook.com/drherminionevarez/
https://www.instagram.com/senexpansion/
https://www.instagram.com/drherminionevarez
https://www.youtube.com/SENVideos/

g. Si el nuevo socio ha demostrado su compromiso y su capacidad de liderazgo, coordine con su línea de auspicio un plan de trabajo para ayudarlo a desarrollarse.

h. Cuando las finanzas lo permitan, planifique un viaje para que le modele en el campo a su nuevo socio.

i. Conéctelo a SEN Universidad.

Forma avanzada para prospectar personas con las cuales no tenemos una estrecha relación.

El perfil de interés

¿Qué es un perfil del interés?
Es una conversación con su candidato para evaluar el interés que él o ella tiene en esta oportunidad. Hable de los diversos tópicos que se dan a continuación, para ver cómo reacciona su candidato. Las siguientes son guías generales. Individualice su perfil de interés poniéndolo en sus propias palabras.

 1. Establezca la relación

Una conversación informal es todo lo que se necesita para tener una idea del interés del candidato. Hable de los temas apropiados para establecer el tono: la familia de su candidato, su experiencia laboral o a que se dedica, sus intereses y sueños. Si conoce bien a su candidato, es fácil establecer una conversación. Si la relación es nueva, tome el tiempo de demostrar un interés genuino en lo que dice el candidato. Más que nada, recuerde que no le está tratando de "vender" nada al candidato.

 ## 2. Plantée la situación económica actual:

La ilusión que la gente tenía de tener un empleo seguro donde trabajar el resto de su vida, ha desaparecido en el siglo XXI. El modelo antiguo que fue bueno para nuestros padres y nuestros abuelos ya no está siendo confiable para nosotros.

¿Qué es lo que está ocurriendo? Lo que funcionó para la generación anterior ya no está funcionando para nosotros. Veamos las estadísticas. Después de 40 años de trabajo, estas indican que la gente termina de la siguiente manera:

- 1% Ricos
- 4% Financieramente independientes
- 95% Restante (5% Trabajando/36% Muertos/54% pobres)

¿A qué grupo quiere usted pertenecer?

Su empleo actual, ¿proveerá la libertad y la seguridad que usted y su familia necesitan en los años venideros? ¿Su empleo le dará la oportunidad de avanzar y ganar más de lo que usted está ganando ahora?

La seguridad en su pensión, beneficios de jubilación y el seguro social ya no parecen ser tan seguros como antes, y los ahorros personales quizás no alcancen. Las facturas y las cuentas se comen su sueldo y no sobra casi nada para la cuenta de ahorro. En los años venideros con el aumento en el costo de vida necesitará mas y más dinero solo para mantener el estilo de vida que lleva actualmente. Según las estadísticas, para cuando nos retiremos necesitaremos el doble del actual sueldo mensual solo para sobrevivir. Quizás no sea posible el retiro placentero con que hemos soñado, quizás estaremos luchando por tratar de sobrevivir con el ingreso que tenemos.

Le tenemos buenas noticias. Esta era de la tecnología, la globalización del mundo y el conocimiento ha traído nuevas oportunidades para generar ingresos. El mayor desafío que enfrentan las personas no es hacer dinero, sino como hacer dinero de otras formas diferentes a la que le enseñaron sus padres y la sociedad en la que se crió. El reto es salir de la supuesta seguridad que nos ofrece un empleo tradicional para hacer algo completamente diferente a lo que hemos hecho anteriormente. El tomar la decisión de saltar las filas de los empleos tradicionales e ir a ser el creador de su propio ingreso, es la mejor opción para que jamás tenga que depender del gobierno o de un jefe para determinar el estilo de vida que usted quiere vivir.

 3. Plantea la solución a los problemas económicos de este tiempo, Las Redes de Mercadeo:

Las Redes de Mercadeo proporcionan la oportunidad de iniciar su propio negocio durante sus horas libres y de hacer por sí mismo lo que ningún otro puede hacer por usted: proteger su futuro y hacer realidad sus sueños.
Esta poderosa industria de más de medio siglo de existencia no es comprendida por muchos, mal explicada por miles y amada por millones.

- Es la industria a la que en su edición No. 284 la revista Dinero se refiere como la fuerza de las redes.
- Es la industria a la que el autor del best seller: Padre rico padre pobre, Robert Kiyosaki, la denomina el negocio perfecto.
- Es la industria de la que el reconocido asesor presidencial y autor del best seller: El próximo trillón, Paul Zane Pilzer se refiere como la industria que mejora vidas y que producirá 10 millones de nuevos millonarios en la próxima década.
- Según la revista Forbes, las redes de mercadeo son una verdadera fuente de ingresos para la jubilación.

¿Funciona? ¡Claro que sí! Está demostrado en la vida de miles de exitosos empresarios en todo el mundo y funcionará para el que verdaderamente está buscando un cambio financiero y un crecimiento personal en la vida; como lo mencionó el profesor

Charles W. King graduado de la Facultad de Administración de Empresas de la prestigiosa Universidad de Harvard y profesor de Mercadeo de la Universidad de Illinois en Chicago, en su libro Los nuevos profesionales.

Abogados, médicos, odontólogos, profesor, universitarios, agentes de bolsa, gerentes, atletas, profesionales, promotores Inmobiliarios y dueños de pequeñas empresas; habiendo todos ellos invertidos años en preparar y desarrollar profesiones lucrativas se alejan y no miran hacia atrás. ¿Qué están haciendo estas personas? ¿Qué tienen en común? Todos se han unido a las filas de los nuevos empresarios del siglo XXI. Existen personas que en menos de cinco años viven una vida de grandes realizaciones y han logrado la independencia financiera.

Quienes decidan pertenecer a esta élite del logro humano, bastará con creer en sí mismos, comprometerse con una misión social y querer realizar sus más anhelados sueños en la vida; mientras ayudan a otros a lograrlos. Miles lo están logrando y tú puedes ser el próximo triunfador en esta industria. Actualmente 128 millones de hombres y mujeres han decidido ser parte de esta gran industria como un volumen de negocio de más de 186 Billones a nivel mundial.

4. Mencione los beneficios de las redes de mercadeo:

Usted lo puede desarrollar en sus horas libres sin dejar de hacer lo que está haciendo, la fábrica se encarga de la producción, servicio de envío, servicio de entrega, garantía del producto y usted genera ingresos residuales por compartir la oportunidad con otros de consumir productos de alta calidad. Usted tendrá el respaldo de un equipo con más de 20 años de trayectoria y experiencia con resultados tangibles a través del tiempo. Este equipo tiene un sistema educativo que le enseñará cómo tener un negocio de mercadeo en red con éxitos. Usted también puede contar con mi apoyo para guiarlo paso a paso a tener los resultados. Un negocio de alcance global que lo puede desarrollar desde cualquier lugar incluyendo la tranquilidad de su hogar.

5. Haga algunas preguntas de conciencia para llevar su candidato a reflexionar:

¿Qué haría usted si tuviera todo el dinero y el tiempo que pudiera necesitar? ¿Se tomaría vacaciones más largas? ¿Pasaría más tiempo con su familia? ¿Ayudarías a tus padres en la vejez? ¿Apoyarías a tus hijos a tener una buena educación? ¿Compraría una casa más grande?

¿Tendría un automóvil nuevo? ¿Viajaría? Cuando usted tiene control sobre su propio tiempo y dinero, significa que tiene la libertad de llevar el estilo de vida con que siempre ha soñado. ¡Esto es libertad financiera! ¿Tiene usted control de su vida? ¿Y de su futuro financiero?

¿Es usted feliz trabajando para otro? ¿Sería usted más feliz si trabajara para sí mismo? La libertad financiera más que solo dinero significa tener control de su vida.

Entonces, ¿qué está dispuesto a hacer para tomar control de su vida? Las redes de mercadeo es una gran oportunidad para tomar control de su vida en este tiempo de cambios económicos.

 6. ¿Desearía información adicional?

La meta del perfil de interés es evaluar el interés del candidato. Si éste quiere saber más, invítelo a una reunión en la casa o a una reunión Virtual. Si el candidato solicita más información antes de ver la presentación de la oportunidad, de él Video de Contacto. No trate de presentar la oportunidad empresarial en ese momento. Si un candidato no tiene interés en saber más, no trate de forzarlo. Recuerde, las relaciones positivas pueden llevar a que le ofrezcan referidos en el futuro, pero las presiones quitarán las ganas. Si el candidato no está listo para ver la oportunidad, hay muchas otras personas que si lo están.

Si un candidato todavía tiene preguntas después de ver el vídeo de contacto y el perfil de interés, decida si esas preguntas se contestarán mejor en una reunión en la casa, una reunión Virtual o una reunión individual. Respete siempre la posición de su candidato y haga lo que pueda para que él o ella tomen la decisión apropiada.

Pregunte y explore
La gente se asocia a su red porque quieren hacerlo y no porque usted la ha convencido.

Practique siempre métodos sin presión para vencer la resistencia.
Habrá cierta resistencia; la gente siempre desconfía un poco de lo nuevo, hasta que se puede establecer su valor. Existe una diferencia entre la resistencia "instintiva" común que usted encuentra en algunos candidatos y la firme decisión de no participar.

Aprenda a distinguir entre una y otra.
Use esta fórmula para vencer la resistencia sin poner presión en su candidato; pregunte y explore.

Es sencillamente un cambio de perspectiva. En vez de enfrentar la oposición con otra oposición, haga preguntas y luego, explórelos. Por ejemplo, un candidato puede expresar cierto interés, pero dice que no tiene tiempo para organizar una red. Un distribuidor contencioso podría responder: "¡No le alcanza el tiempo para no hacerlo!"

Un método más constructivo sería preguntarle a su candidato acerca de las demandas de su tiempo y hablar de la libertad que se puede lograr con la oportunidad. Su ejemplo dirá más que sus argumentos. Un candidato que no tiene tiempo y que ve la libertad que usted tiene, apreciará enseguida el valor de lo que usted ofrece.

Pregunte y explore: algunos ejemplos

En cada uno de los siguientes ejemplos, se ofrecen dos alternativas para vencer cada episodio de resistencia: la primera es la respuesta con presión y la segunda es la respuesta sin presión, pregunte y explore. Estúdialas para ver la manera correcta de vencer la resistencia. No se olvide de usar la secuencia de preguntas para fijar una nueva cita después de cada intercambio de preguntas y exploración.

Si el candidato dice: "estoy demasiado ocupado."
La respuesta con presión es: "yo también, pero lo menos que puede hacer es escucharme "
Pregunte y explore: "esta oportunidad es perfecta para gente ocupada y productiva como nosotros. Tiene la característica de hacer que el tiempo rinda más y podamos obtener el máximo del tiempo y el esfuerzo que le dedicamos."

El candidato dice: "no soy vendedor."
La respuesta con Presión es: "¡estos productos prácticamente se venden solos!"
Pregunta y explore: "yo tampoco soy". El asociarme a esta red me ha liberado de tener que ser vendedor. La comercialización ocurre de una manera totalmente diferente aquí.
Cuando vea la presentación de la oportunidad empresarial, verá que se ha hecho para personas como nosotros."

El candidato dice: "¿es real la comercialización en redes de mercadeo?"

La respuesta con presión es: "¿Que si es real? ¡Usted ganará dinero muy real!"

Pregunte y explore: "existen muchas opciones, pero no se me ocurre una que ofrezca mejor equilibrio entre la posibilidad de ganar dinero y las libertades que esta opción de negocio nos ofrece. La comercialización en redes de mercadeo es una empresa comercial legítima que se está popularizando cada día más. Es por eso que la comercialización en redes se ha convertido en una tendencia económica mundial"

El candidato dice: "pues, no sé... Necesito más información."

Pregunte y explore: "estoy seguro de que usted tiene muchas preguntas, es por eso que lo llamé. ¿Cuándo tendrá tiempo para reunirse conmigo para darle más detalles?

El candidato dice: "realmente quisiera tener más información antes de hablar más con usted..."

Pregunte y explore: "¡Pues que bueno! Le puedo enviar un Video que le dará información general de lo que vamos a hablar (Vídeo de Contacto) Y lo volveré a llamar para fijar una cita para así hablar de ella."

El candidato dice: "tengo un problema con... (El candidato plantea una objeción)."

Pregunte y explore: "¿es esa su objeción? Eso no será problema. Cuando nos reunamos, le explicaré por qué esta oportunidad vencerá... (la objeción)."

Si un candidato insiste en tener una descripción detallada del negocio después de recibir el Video de Contacto insista en que la información se encuentra en el Video y en que usted aclarará cualquier duda que haya quedado una vez que el candidato haya visto el video.

Éstas son solo guías generales que sugieren la diferencia entre "las ventas a presión" y un método "Sin crear presión". No trate de tomar la decisión por el candidato.

Proporcione la información y conteste las preguntas. Siempre invita al candidato a la presentación de la oportunidad empresarial. Una vez que lo haya hecho, es opción del candidato. Si usted usa el método de las preguntas y la exploración, el candidato probablemente seleccionará bien. Usted sabe más de este negocio que su candidato.

Tenga la paciencia y no se ponga nunca defensivo. Limite su método de compartir únicamente sus experiencias y se sorprenderá de lo rápido que la gente cambia de idea.

La sesión de contacto en grupo

La sesión de Contactos enseña a los distribuidores nuevos el concepto de la invitación efectiva y pone en marcha el ciclo del momentum para cada distribuidor que asista a la misma. Lo ideal es que se reúnan de 3 - 7 personas por unas dos horas una noche con el fin de fijar citas.

Con eso, se levanta el nivel de confianza de todos. Diseñe una estrategia con su patrocinador para determinar el mejor tipo de reunión para cada uno de sus candidatos.

Los distribuidores deben traer la lista de candidatos completas, con números de teléfono, así como la guía para ver cómo se hace una invitación efectiva.

Liderazgo en la Era Virtual

Cuando hablamos de liderazgo virtual podemos pensar que esto tiene que ver con la tecnología e inclusive la innovación y disrupción, pero la realidad es que tiene que ver con aspectos mucho menos sofisticados. Tiene que ver con las personas. Son las personas el motor del cambio, evolución y adaptación. Los fundamentos del liderazgo eficaz no cambian, solo los hemos adaptado a un nuevo tiempo. En SEN visualizamos el liderazgo virtual desde una visión de transformación de la cultura organizacional. Una transformación donde no podemos perder de perspectiva la visión, la misión y el propósito que nos une como equipo. La formación y capacitación de profesionales en redes de mercadeo es parte de nuestra misión, adaptada ahora a la tecnología digital para contribuir en la sostenibilidad empresarial de nuestros asociados. Para crear un hibrido de lo presencial y lo virtual la curva de aprendizaje requiere al menos 3 años. Por lo cual es recomendable crear un híbrido presencial/virtual en lo que la organización va haciendo un nuevo habito.

La transformación requiere líderes conectados dedicados a modelar, crear la cultura y desarrollar las capacidades necesarias dentro de la organización. Son las personas el motor del cambio, evolución y adaptación. Las capacidades tecnológicas y digitales no son suficiente debemos ser capaces de ejercer el liderazgo. Nos apoyamos en la tecnología como un facilitador no como un objetivo. Los líderes deben saber cómo ejercer su liderazgo en la era virtual.

Para Liderar en la Era Virtual debes ser un auténtico Jedi (Guerra de las Galaxias), Ágil, flexible, creativo, apoyarte en la tecnología, pero ser consciente que la fuerza viene del ser. Tu brújula interior son los valores y principios (Maestro Yoda). Tendrás que Adaptar y evolucionar los principios del liderazgo eficaz a un nuevo tiempo y paradigma. De nada sirve tener toda la tecnología y el conocimiento tecnológico si las mentes de nuestros líderes siguen siendo análogas. En la transformación virtual empieza en la cabeza del líder y se requiere de convencimiento antes que la tecnología. La Transformación virtual desata el poder de la información para tomar decisiones y ofrecer un mejor servicio a nuestros asociados y clientes. Estamos democratizando la oportunidad (igualdad para todos) para que esté al alcance de todos en un mundo sin fronteras donde la información está disponible para todos.

Los líderes en la era virtual que sean capaces de implementar la duplicación virtual, comunicando con eficacia su visión inspiradora y que movilicen sus organizaciones al cambio tendrán las mayores posibilidades de éxito en este tiempo. El líder en la era virtual debe fomentar la cultura, la innovación, la experimentación, establecer el plan de acción, metas claras y aprender con rapidez.

¿Estás abierto al Cambio?
¿Cómo podemos integrar lo virtual sin perder de perspectiva las relaciones y la conexión emocional?
¿Estás desarrollando tus capacidades y habilidades en la era virtual?
¿Están tus acciones diarias apoyadas en la virtualidad, pero con la flexibilidad de realizarlas presencialmente?
¿Estás formando y modelando a tu organización para lograr el cambio a un hibrido presencial/virtual?
¿Estás impulsando la cultura de innovación?
¿Estás modelando a los nuevos líderes identificados para duplicarlos?
¿Cuál es el Interés de nuestros Asociados, Clientes y Contactos?

La transformación virtual ...

No va de tecnología, sino de liderazgo y un cambio en la forma de pensar y hacer las cosas.

- Proporciona a todos en igualdad la misma oportunidad (democratización de la oportunidad).
- Desata el poder de la información para tomar decisiones y ofrecer un servicio de valor añadido a nuestros asociados y clientes.
- Abre la mente y la creatividad para encontrar las necesidades de nuestros asociados y clientes.
- La transformación virtual requiere convencimiento y comienza en la cabeza del líder.
- El líder debe ser consciente del porqué de la transformación.
- ¿Para qué nos sirve?
- ¿En qué consiste?
- ¿Cómo nos afecta?
- ¿Qué valor aporta al negocio?

Liderar para un cambio de época y paradigma

Las fronteras entre lo presencial y lo virtual se han fundido en un continuo Wi-Fi y múltiples plataformas entrelazando el ocio y los negocios, esto es un gran reto para separarlos. Más allá de conocer y entender toda esta nueva tecnología, los líderes que aspiran a liderar en el siglo XXI tienen que liberarse del ego y ser capaces de reconocer que no tienen todo el conocimiento. El nuevo paradigma exige un liderazgo integrador de todos los talentos disponibles sin distinción de edad, ni género. El líder en esta era debe desarrollar sus capacidades de mentor y guía de los miembros de su equipo. Este necesita más que nunca calibrar su brújula interior y dejarse guiar por un Marco de referencia de valores que corresponden al comportamiento, creencias y actitudes coherentes del equipo. La sostenibilidad, el emprendimiento y la innovación, debe buscar soluciones creativas que satisfagan nuestros asociados y clientes.

El líder debe permitir y ayudar a encontrar a los miembros de su equipo su sentido de lugar en la organización, que les permita hacer aquello en lo que son buenos y aquello en lo que más valor pueda aportar al equipo. Es esa convergencia donde la pasión por la vocación y la misión se hace altamente productiva. Cuando sus líderes se sienten recompensados por esa sensación de satisfacción por su contribución al equipo crea una motivación sin límites y una lealtad más allá del negocio. Todos queremos un trabajo que nos permita vivir bien, pero también queremos sentir que nuestro esfuerzo diario vale la pena más allá del dinero, donde crecemos como personas, no sentimos valorados y lo que hacemos beneficia a los demás y mejora su calidad de vida.

Un líder en la era virtual no es el que gestiona proyectos de e-Commerce para vender un producto en las plataformas. Sino alguien que da el primer paso y avanza en la construcción de la Red donde el liderazgo es el protagonista y la virtualidad es la herramienta. 8 razones que son la clave para sobrevivir y alcanzar el éxito en la era virtual. Hay que resaltar que las 8 razones no sólo está relacionada con la tecnología.

Las 8 claves para el éxito en una estrategia hibrida virtual/presencial

 1. Visión convincente:

El líder es capaz de detectar y entender las tendencias, su potencial impacto en el negocio y diseñar un plan de acción concreto para lograr las metas y beneficiar al equipo. Enfocado en el presente visualizando el futuro.

 2. Predicar con el ejemplo:

Para que esto sea realidad el líder de la organización debe estar convencido al 100% de la transformación y transmitirlo a todo el equipo. No sólo con un discurso motivacional, si no predicando con el ejemplo en sus acciones cotidianas.
Modelar los cambios y la adaptación, acompañando a quien no cree en los cambios. La resistencia al cambio es algo habitual entre los miembros de la organización. El líder debe idear Estrategias de acompañamiento para modelar los cambios y la adaptación.

3. Formar para transformar:

- La educación y la competencia van de la mano(Saber y Hacer).
- El conocimiento, las habilidades y las actitudes.
- Capacitarlos en el liderazgo virtual.
- Capacitarlos en el uso correcto de las herramientas virtuales.
- Lo que sabes hoy es menos importante que lo que puedes aprender.
- Se debe aprender rápido para provocar la transición.
- Conviértete en un aprendiz permanente. Debe ser autodidacta, y estar dispuesto a desaprender para aprender nuevas cosas.
- No se trata de memorizar contenido, sino de desarrollar las habilidades y capacidades mediante la practica. Aprendemos 10% de lo que leemos, 70% de lo que compartimos y 95% cuando lo enseñamos, practicamos y modelamos.
- No podemos mejorar si no somos conscientes que tenemos que hacerlo.

 4. Comunicación efectiva:

a. No es lo mismo comunicar que informar.
  - Comunicar es abrir los canales de la escucha de las personas para ir de la racionalidad a la emocionalidad.
  - Pienso lo que te voy a decir desde la cabeza, pero conecto con las emociones desde el corazón.

b. Saber a quién va dirigido el mensaje: Asociado, Cliente o Prospecto.

c. Utilizar el canal adecuado de comunicación de acuerdo con la necesidad (video conferencia, e-mail, WhatsApp, etc.).

d. La comunicación efectiva es la mejor forma de crear relaciones fuertes.
  - Estrechar los lazos de relaciones entre las personas que forman parte de la comunidad.
  - Hay que hacerlos sentir parte, que son importantes para nosotros.

- Usar un lenguaje inclusivo "Nosotros".

e. El lenguaje no verbal es más importante que las palabras.
- La fuerza de la comunicación, el tono de voz, las expresiones corporales.
- Por esta razón, el mejor canal para que el mensaje tenga mayor impacto son las videoconferencias o estar a nivel presencial.

f. El momento oportuno para la comunicación.
g. Usar imágenes de apoyo para reforzar el mensaje.
h. Asegurarte que están entendiendo.
i. Hablar en historias.
j. Aprende a generar emociones contando historias.
k. Crear un proceso de retroalimentación.

 5. Fomentar la colaboración trabajando en red

Que todos aporten ideas para que se sientan parte. Al diseñar la estrategia los líderes deben incluir el desarrollo de herramientas virtuales que fomenten este tipo de mentalidad. *Liderazgo Integrador.

- Inteligencia Colectiva, contribuir y colaborar.
- Conectar— conversar—-Compartir

 6. Capacidad de ser mentor y guía

Medir los avances a través de indicadores y reportes para poder determinar si están teniendo un rendimiento óptimo en los tres pilares (auspicio, retención y volumen)

 7. No perder la conexión emocional:

Aunque usemos los medios virtuales no perder la conexión emocional y fortalecer la relación con los asociados y clientes. Ser cercano y empático, Reconocerlos, elogiarlos en privado y en público, Mantenerse a través de la conexión emocional.

8. Adaptabilidad, innovación y rapidez:

Acelerar el cambio cultural requiere que las personas cambien sus hábitos para poder conseguir el objetivo deseado. Los líderes deben de ser constantes para provocar el cambio. Tenemos que ser conscientes de ello. Se considera que un periodo promedio para que una nueva cultura se cristalice y se consolide en una organización gira entorno a no menos de 3 años. En este proceso es fundamental contar con discursos inspiradores, revisión del proceso de transformación y comunicación efectiva, así como la revisión del grado de comprensión y aplicación de los nuevos cambios. Cada decisión que se tome debe estar ampliamente estudiada e informada para cometer los menos errores posibles.

3 Disciplinas claves para la transformación

1. Gestión del Cambio
- Gestionar el cambio genera resistencia. Un 15% lo Acepta, 15% lo Rechaza y 70% se Resiste.
- El cambio es una responsabilidad del líder el cual:
- Comparte la visión.
- Inspira.
- Comunica.
- Modela

2. Gestión del Conocimiento
- Buscar la Información
- Organizarla.
- Compartirla
- Aportar valor
- Evaluarla y Adaptarla a Redes de Mercadeo.

3. Mentalidad de Innovación
- Innovar no es un lujo, sino una necesidad.
- Para innovar se requiere investigación, rapidez y colaboración.
- Se requiere trabajar por proyectos y un equipo de lideres para hacerlo.

¡No te quedes atrapado en un mundo análogo!
No podemos mejorar si no somos conscientes que tenemos que hacerlo.

6 Habilidades interpersonales del liderazgo virtual

1. Capacidad de Escuchar:
En el mundo virtual la capacidad de escuchar adquiere una nueva dimensión del ser. Poder ser capaz de escuchar la voz de tus asociados a través de los distintos canales en que se comunica (WhatsApp, Facebook, e-mail...) Identificando su sentir, sus necesidades y poderle dar lo que necesita.

2. Capacidad de Compartir:
Compartir conocimiento e ideas en el área digital es un concepto muy dinámico. Ser capaz de compartir la información de forma tal que tus asociados se sientan cómodos, pero con conciencia de la importancia de la información para el crecimiento de todos y que todos se sientan en confianza de aportar. El líder trabaja para el equipo que dirige ayudando a sus miembros a mejorar el rendimiento y alcanzar su máximo potencial. Si lo que aportas como Networker no tiene contenido no vas a tener comunidad (Ideas, conocimiento, historias).

3. Capacidad de Comunicar
Comunicación clara y con propósito, donde la difusión de la información debe estar ligada a la meta en común.

4. Capacidad de Conectar (Emocional)

5. Capacidad de Colaborar (Equipo)
El contenido que los líderes aporten a los integrantes del equipo debe ser valorado y utilizado para hacer crecer sus negocios.

6. Capacidad de comprometerse

Trabajar en voz alta (un nuevo paradigma)

¿Qué es trabajar en voz alta?
Se trata de compartir de forma organizada la información y aportar contenido a la comunidad de forma generosa sin esperar nada a cambio. ¿Qué significa adaptar el contenido? es para que sea de utilidad para un desarrollador de redes.

Debe ser sistemático y tener continuidad.

Hacer nuestro trabajo visible de forma abierta, generosa y conectada a una red de personas

1. Página web
2. Blog Personal
3. LinkedIn
4. Facebook
5. Instagram
6. Telegram

¿Qué podemos Ofrecer? ¿Quién podría beneficiarse?

- Compartir conocimiento, experiencias, ideas o algo que hayas aprendido.
- Responder preguntas que hace la comunidad.
- Compartir errores para que otros no los repitan.
- Hacer comentarios y compartir información que agregue valor.

Una comunidad virtual SEN

¿Qué es una comunidad virtual SEN?

Es un conjunto de personas en un espacio virtual sin fronteras donde sus integrantes están alineados y comprometidos con la visión, misión y propósito de SEN, que mediante el trabajo colaborativo y de apoyo agregan valor a las personas.

Somos un movimiento socioeconómico que hemos creado una economía colaborativa con un propósito transformador masivo, que pone lo mejor de cada uno de nuestros miembros al servicio de la humanidad; donde la dignidad humana ocupa siempre el primer lugar.

En nuestra organización, valoramos a las personas por lo que son y no por lo que podemos obtener de ellos, pues su bienestar es nuestra máxima prioridad. En SEN perseguimos humanizar las redes de mercadeo con un enfoque mayor en el crecimiento de las personas como individuo, en dónde podemos aportar a la sociedad en que vivimos y a la vez ayudar a mejorar la calidad de vida de las personas.

Estamos orgullosos de nuestra organización y nos gusta trabajar en ella. La luz que emana de los rostros de SEN ilumina también a las familias de nuestros miembros como también a las comunidades que nos rodean.

Una Comunidad Virtual no es igual a Una red Social, ni a una marca personal.

- Comunidad Virtual: Es un espacio virtual donde se reúnen personas con un interés en común que puede ser educativo, comercial, personal o social.

- Redes Sociales: Es un lugar común donde encontramos muchas personas, muchos temas, pero no hay un interés común, más bien, muchos intereses. La información fluye por tendencia, actualidad y eventos no hay temas previamente definidos.

- Marca Personal: Es un concepto que consiste en considerarse a uno mismo como una marca comercial con el objetivo de diferenciarse de los demás. Enfocado en el "YO".

- Marca SEN: Es un equipo de personas con una visión, misión y propósito en común; cuya misión es el crecimiento personal, contribución social y prosperidad financiera. Enfocado en "NOSOTROS".

¿Qué define a un miembro del equipo virtual de SEN?

- Está alineado con la cultura de SEN, su visión, misión y propósito y lo comunica con efectividad a través de los medios virtuales.
- Edifica al equipo y al sistema.
- Es consciente que es parte de un todo "Un Equipo" que es más grande que nosotros.

Cuando hablamos de los medios sociales en una comunidad SEN:

- Hablamos menos de tecnología
- Hablamos más sobre la información que agrega valor a la comunidad y los intereses comunes.
- El público es activo y produce contenido en una comunidad.
- La comunidad no tendrá vida sin la participación activa de sus miembros.

Elementos que definen la Comunidad Virtual SEN

- Intereses y objetivos comunes.
- Sus miembros se identifican con la marca SEN y 4Life.
- Deseo de compartir y disfrutar experiencias o establecer relaciones.
- Necesidad de recibir información que agregue valor a lo que hacemos.
- Las personas se identifican con la comunidad e interactúan.
- Comparten experiencias e historias.
- Un administrador la controla.
- Tiene reglas y normas.

Beneficios de una comunidad virtual

- No hay límites de espacio físico.
- No hay fronteras.
- Bajan los costos por pago local, viajes o traslado, gasto de estadía, hotel, etc.
- Mayor rendimiento del tiempo.
- La comodidad de conectar desde tu hogar.
- Se amplía la comunicación con un mayor alcance de personas.
- Los miembros se sienten parte de una totalidad social amplia.
- Intercambio de contenido que tiene valor para sus miembros.
- Las relaciones se mantienen en el tiempo creando un conjunto de historias compartidas.

Puntos que considerar en una comunidad virtual:

- Comprender el público
- Contenido relevante
- Mensaje claro
- Tiempo real
- Nunca mentir
- Aprender de los errores
- Cuidado con el humor
- Agenda sensible
- Mantener siempre la identidad
- Reputación, confianza y credibilidad

- Discurso y agenda planificada
- Fortalecer la relación y conectar emocionalmente
- Sumarse a la conversación.

El ABC de los medios de comunicación en una comunidad virtual

Público: es activo y produce contenido
¿Con qué generación te estás comunicando?

- Baby Boomers
- Generación X
- Generación Y (Millennials)
- Generación Z (Centennials)

Tecnología
- Zoom
- Facebook
- Instagram
- Telegram
- YouTube
- WhatsApp
- Página web

Contenido
- Historias que inspiren
- Información de interés para la comunidad y que agregue valor

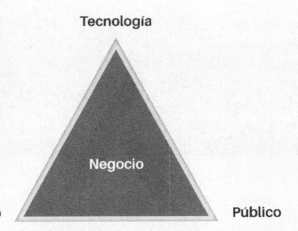

Factores dentro de una comunidad virtual

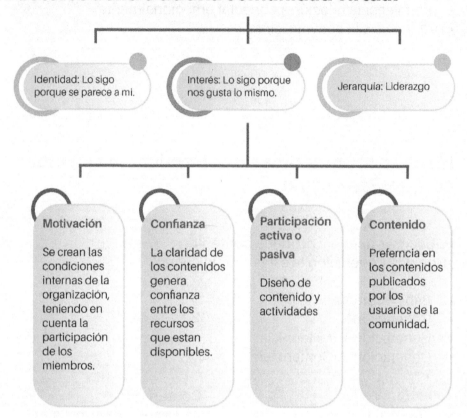

Identidad: Lo sigo porque se parece a mi.

Interés: Lo sigo porque nos gusta lo mismo.

Jerarquía: Liderazgo

Motivación

Se crean las condiciones internas de la organización, teniendo en cuenta la participación de los miembros.

Confianza

La claridad de los contenidos genera confianza entre los recursos que estan disponibles.

Participación activa o pasiva

Diseño de contenido y actividades

Contenido

Preferncia en los contenidos publicados por los usuarios de la comunidad.

Las 5c's de un equipo virtual

- Comunicación
- Confianza
- Compromiso
- Coordinación
- Complementariedad

Cómo crear una comunidad virtual exponencial

Preguntas que le ayudarán como mejorar el crecimiento de la comunidad Virtual SEN.

¿En qué grado gestionas interactúas con tu comunidad (Socios y Clientes)?

¿Te involucras de una forma activa con la comunidad?

¿Utilizas la comunidad para conocer las necesidades del mercado y de nuestros asociados?

¿Se analizan y se utilizan las buenas ideas de la comunidad para mejorar nuestro desempeño y productividad organizacional?

¿Como haces para que tu comunidad se involucre activamente?

¿Los asociados conectan a los nuevos miembros a la comunidad?

¿Le transfieres la visión de ser parte de la comunidad y sus beneficios?

¿Promueve la comunidad, las actividades y eventos del sistema SEN?

¿Se capacitan los asociados en el sistema, uso correcto de las herramientas y las aplicaciones (Mi Tienda)?

¿Se modela el ciclo del momentum hasta lograr la duplicación Virtual?

¿Cómo aumento el tiempo de atención en un evento de la comunidad SEN?

- Contenido de interés para la comunidad
- Contar historias que inspiren y agreguen valor a la comunidad

Consejos de seguridad en una comunidad virtual SEN

- Nunca suba fotos o videos comprometedores
- Nunca facilite datos exactos en los perfiles
- Configure el perfil para que solo lo vean sus amigos directos
- Desconfíe de los datos que dan usuarios desconocidos
- No haga citas a ciegas
- Respete a los demás. Cuidado con el "cyberbullying".
- Cuidado con lo que escribe

Comunicación virtual *eficaz*

No es lo mismo comunicar que informar. Comunicar es la acción consistente de intercambiar información entre dos o más personas. Para comunicar con efectividad en redes de mercadeo tenemos que ir desde la racionalidad a la emocionalidad. Pienso lo que te voy a decir desde la cabeza, pero conecto con las emociones desde el corazón.

La comunicación efectiva es la mejor forma de crear relaciones. Para crear relaciones que perduran a través del tiempo usted tendrá que:

- Trate a las personas como miembros de una gran familia
- Mostrar interés por lo que son, no por lo que se puede obtener de ellos.
- Hágalo sentir parte del equipo y que son importantes para nosotros.
- Utilice un lenguaje incluyente "Nosotros"
- Enfocarse en sus sentimientos para conectar emocionalmente.
- Crea un sentido de seguridad, credibilidad y confianza a través de la edificación.

Las 5 C de la comunicación

- Canal: qué medio voy a escoger en función de lo que quiero comunicar (videoconferencia, WhatsApp, e-mail, Facebook, etc.)
- Código: es lo que quiero comunicar, el mensaje verbal y corporal.
- Contexto: tener en cuenta donde se encuentra la persona, diferencia en horas, la cultura etc.
- Claridad: es que se entienda el mensaje que estamos comunicando.
- Consistencia: qué el mensaje sea congruente y esté alineado con le sistema y la cultura del equipo.

Fundamentos de la comunicación eficaz:

- En la comunicación el lenguaje no verbal es más importante que las palabras.
- Palabras(contenido) 7%,
- Tono de voz 38%(entonación, emoción, silencios y pausas, énfasis)
- Lenguaje corporal 55%(movimiento de manos, mirada, expresiones de la cara, gestos, indumentaria, escenario)

Puntos que considerar para una comunicación virtual eficaz:

- Elegir el canal adecuado para el mensaje que quieres comunicar.
- Las videoconferencias son el método más efectivo para comunicarnos a nivel virtual.
- Aprender a generar emociones a través de contar historias preparar un bosquejo de los puntos que quiere comunicar.
- Asegurarse que están entendiendo el mensaje.
- Hacer preguntas
- Usar imágenes de apoyo

Puntos importantes que considerar en una videoconferencia:

Antes de la videoconferencia hacer una lista de cotejo de los siguientes puntos

1. Distancia de la cámara: Debe estar a una distancia razonable ni muy cerca, ni muy lejos. Lo ideal es medio cuerpo para que las personas puedan ver tus expresiones corporales. Cuida tu lenguaje corporal debes de ser consciente de esto y su importancia.

2. La cámara debe de estar abierta para que te vean. Recordemos que el mensaje es 7% de las palabras, 38% el tono de voz y 55% el lenguaje corporal. Evite los movimientos bruscos.

3. Mirar directamente a la cámara y a los ojos. Para esto debes de ajustar la cámara a la altura de tus ojos. mantenga la vista en la dirección a las personas con las que estamos comunicando. Mirar desde arriba o desde abajo son errores muy comunes. No te miras a ti mismo o estés mirando hacia los lados. Mantén tu atención en la reunión esto proyecta seguridad y confianza.

4. Tener un micrófono de buena calidad y que no esté defectuoso. Si las personas no pueden escucharte bien se pierde el mensaje. Prueba el micrófono y tu audio antes de la conferencia.

5. Buena calidad del Internet Si la calidad de tu Internet es baja el mensaje se va a interrumpir frecuentemente perdiendo su efectividad.

6. Cuida tu espacio. Qué hay detrás de ti, el fondo debe ser neutro, con colores sólidos que no tengan distractores. Puede ser un fondo virtual adecuado con una imagen profesional. No te pongas de espalda a una ventana ya que cuando estamos en contraluz se distorsiona la imagen. Debes de tener una pared de fondo. Avisa en la casa que estamos en conferencia para evitar sorpresas. Asegúrate que el lugar es silencioso.

7.Buena iluminación: Qué nos vean bien, no puedes estar en

la oscuridad o sombras porque la gente se desconecta de tu mensaje. Si la iluminación del lugar no es suficiente puedes poner una lámpara frente a ti. Asegúrate que la luz se vea natural.

8. Cuando es un grupo de personas. Apagar el micrófono a todos o pedir que mantengan el micrófono apagado. Los ruidos de fondos son enemigos de la atención.

9. Arréglate, cuida tu imagen y vestimenta debe ser profesional. Ponte cómodo y debes tener agua a la mano. Usar colores de vestimenta lisos y que sean diferentes al fondo de la pantalla.

10. Tono de voz alto y claro. Tu actitud debe de ser enérgica y sonriente

11. Aprende a utilizar los recursos tecnológicos

- Compartir pantalla, usar el Chat para hacer comentarios y preguntas.
- Compartir imágenes, Videos o presentaciones. Opción de la pizarra, silenciar a todos, Spotlight al que está hablando.

12. Evitar las reuniones demasiado largas.

13. Asegúrate de salir de la reunión al final.

Impedimentos comunes en el desarrollo de la red a nivel virtual

1. Creer que la educación virtual de un Networker es igual a la educación masiva.

2. La tecnología es un multiplicador, pero la mentoría es un proceso de uno a uno.

Aprender no es acumular información, sino asimilar información. El principal aprendizaje de un Networker debe ser por modelaje. Se aprende a través del modelo y el ejemplo de tu patrocinador. Todas las capacitaciones que usted tome, todas las técnicas que usted pueda aprender en redes de mercadeo y todos los seminarios que usted pueda asistir pueden dar información, pero no lo pueden transformar en un Networker. Sólo la práctica de los principios aprendidos desarrollará sus capacidades y habilidades, dándole la experiencia que lo transformará en un Networker.

3. Las marcas personales:
- Se centra en el individuo y no en un equipo
- Se enfoca en el yo, no en nosotros
- Debilita el sentido de pertenencia al equipo
- Fragmenta la organización ya que se duplica

4. Cuidado con el exceso de información: saber separar la información fundamental que se requiere para la construcción de la Red en este tiempo es sumamente importante. Las personas pueden quedar perdidas en el mar de información. SEN ha creado un sistema educativo para darte el conocimiento fundamental que se necesita para construir redes sólidas, estables y productivas.

5. Evita poner la tecnología por encima de las personas: la tecnología es una herramienta al servicio de las personas, pero no puede sustituir la relación que crea la confianza en una Red.

6. Utilizar otro sistema al acordado por el equipo SEN. En la diversidad de estrategias no hay duplicación.

7. Modo construcción vs Modo capacitación: El exceso de

capacitaciones a nivel colectivo produce desgaste organizacional. Y esto se debe a que sacamos al nuevo asociado y el socio del ciclo del momentum que es el motor de auspicio del negocio. La capacitación del nuevo asociado 95% Del tiempo debe ser modelando las acciones diarias para construir la red. Cuando promovemos un exceso de capacitaciones colectivas nos afectan a todos ya que disminuye el auspicio, retención y volumen organizacional. La regla de oro es, se aprende haciendo.

Planeación estratégica (híbrido virtual/ presencial)

Debemos alinear la organización al plan de acción, a las metas crucialmente importantes y prioridades. Para esto se requiere un plan de acción que ponga en marcha la organización utilizando todas las herramientas que tenemos a nuestra disposición en este nuevo tiempo (Zoom, WhatsApp, Facebook, Instagram...) Esto requiere que trabajemos en nuestra área de influencia con el círculo de personas cercanas presencialmente y mantener la continuidad con las herramientas virtuales.

Además, para aquellas personas que estén a larga distancia podemos trabajarlos virtualmente en lo que van creando una organización.

Uno de los retos de la virtualidad es la duplicación para lo cual debemos ser muy disciplinados y metódico en los pasos del ciclo del momentum para acompañar al nuevo asociado en el proceso de modelaje hasta que los domine y los aprenda enseñar. Auspiciar nuevas personas y retenerlas también es todo un reto. La retención requieres que actives de inmediatamente al nuevo asociado convirtiéndote en un buen patrocinador. Fortalecer la relación e inducirlos a la acción lo antes posible para que logre cierto nivel de resultados. El uso de las herramientas es de vital importancia para facilitar el auspicio de nuevos desarrolladores y clientes en la Red. Las herramientas como video de contacto, la revolución del bienestar, ¿por qué 4Life?, Las 8 formas de generar ingresos, Literatura y Videos de Productos son de gran ayuda para la prospección y el seguimiento.

- **Plan de acción híbrido - virtual/presencial**

- Área de influencia Presencial / Larga distancia Virtual

1. Conectarlos al sistema educativo y al equipo SEN
2. Activar y Modelar el Ciclo del Momentum
3. 7-10 Planes Semanalmente
4. 10 Clientes Repetitivos o más
5. Activar Mi Tienda
6. Auspiciar con Paquete Esencial
7. Ser un buen Promotor de la Oportunidad y los Productos
8. 1 Unidad de Capacitación Semanal
9. Duplicación de Diamantes Elite Calificados Duplicados

¡No te duermas! ¡La oportunidad esta aquí y ahora!

Acciones diarias para lograr el *éxito*

Actividad	1	2	3	4	5	6	7
Invitados a la reunión							
Presentación de negocios							
Seguimientos							
Planificación de Negocios							
Patrocinados personalmente							
Patrocinados a otros niveles							
Llamadas por teléfono							
Prospectos nuevos							
Referencias recibidas							
Asistencias a reunión							
Clientes nuevos							
Motivación							
Reuniones llevadas a Cabo							
HORAS DE TRABAJO							

Nombre _____ Teléfono _____

I.D. _____ Rango _____ Total _____

Mes _____ Año _____ Patrocinador _____

¡Forma parte de nuestra comunidad virtual y disfruta del contenido diseñado para tu crecimiento!

@SENVideos ▶
@drherminionevarez 📷 f
www.sen.team 🌐

SEN Universidad

https://senuniversidad.teachable.com/p/networkmarketingfundamentos

Para obtener Herramientas:
+1 (787) 222-6601

info@sen.team | herramientas@sen.team

Información personal

Nombre:

Dirección:

Ciudad:

Telefono:

#

Información personal

Nombre:

Dirección:

Ciudad:

Telefono:

#

Made in the USA
Las Vegas, NV
09 December 2024

13713565R00118